KB021430

군대는 스펙이다

군대는 스펙이다

초판 인쇄 2018년 01월 26일
초판 발행 2018년 02월 05일

지은이 권민창
펴낸이 채규선
펴낸곳 세종미디어(등록번호 제2012-000134, 등록일자 2012,08,02)
주소 경기도 고양시 덕양구 화정동 1141
전화 070-4115-8860
팩스 031-978-2692
이메일 sejongph8@daum.net
디자인 이지민

ISBN 978-89-94485-39-3 (03320)

* 값은 뒤표지에 있습니다.
* 잘못 만들어진 책은 구입처에서 교환 가능합니다.
* 세종미디어는 어러분의 아이디어와 양질의 원고를 설레는 마음으로 기다립니다.
출간을 원하는 원고의 구체적인 기획안과 연락처를기재해 보내주세요.

이 도서의 국립중앙도서관 출판예정도서목록(CIP)은 서지정보유통지원시스템 홈페이지 (http://seoji.go.kr)와 국가자료공동목록시스템(http://www.nl.go.kr/kolisnet)에서 이용하실 수 있습니다.(CIP제어번호: CIP2018001772)

군대는 스펙이다

세종 MEDIA

목 차

PART 02

군대 최초 독서 전문가를 꿈꾸며 작은 변화를 만들다

PART 05

군대를 스펙으로 인생의 목표를 찾다

대한민국 60만 장병들에게

짧은 머리, 가뭄에 콩 나듯 나오는 휴가, 도심과는 동떨어진 근무 환경……. 언제 전쟁이 일어날지 모르는 휴전국가인 대한민국의 군인들은 민간인들에 비해 포기해야 하는 것들이 많다. 어느 날 인터넷 서핑을 하다 우연히 눈살이 찌푸려지는 만화 제목을 보게 되었다. '뷰티풀 군바리', 여자가 군대에 가면 어떤 일이 벌어질지에 대해 작가가 상상하며 그린 만화라는 설명이 있었지만, 난 그 순간 '프로 불편러'가 되었다. 군바리의 뜻은 군인을 낮잡아 부르는 말이다. 이밖에도 개병대, 땅개 등 군인을 낮잡아 부르는 용어가 사회 전반에 만연해 있다.

"군인이 이런 것도 할 수 있어요?"

시간을 내서 강연을 듣거나 다양한 사람들을 만나는 자리에 참여하면 간간히 이런 질문을 받는다. 그때마다 난 쓴웃음을 짓는다. 군인의 사회생활 자체가 신기하거나 이해가 안 되는 것인지도 모른다. 하지만 난 그런 질문하는 사람들이 더 신기하고 이해가 안 된다. 군인도 사람이다. 그리고 군인이기 이전에 마땅히 대우받아야 할 인격체이다. 그들도 사람들과 어울리고 싶어 하고, 발전하고 싶어 한다. 지금 이 순간도 나라를 지키고 사랑하는 사람들을 지키기 위해 많은 군인들이 밤잠을 줄이고 밤낮을 바꿔가며 훈련하고 당직을 서고 있다.

'항공과학고등학교'는 졸업과 동시에 공군 하사로 임관하게 되는 직업군인을 양성하는 내 모교이다. 여학생일 경우 중학교 내신이 5% 안에 들어야 시험을 치를 수 있는 자격이 주어질 정도로 우수한 학생들만 입학할 수 있다. 그러나 상당수의 졸업생들이 입학하고 졸업을 해서 공군 하사가 되면서 자신의 직업에 회의감을 느낀다. 군인이라는 직업에 대한 자부심을 보여 주는 선임들도 있지만, 현실에 타협하고 그저 흘러가듯이 살아가는 선임들의 영향도 받기 때문일 것이다.

이 책은 직업군인인 내가 책을 읽고 많은 사람들을 만나며 군대 안에서 '현역 군인 독서 전문가'라는 꿈을 찾은 이야기를 솔직하고 가감 없이 서술한 책이다. 내 꿈은 돈을 많이 버는 것도, 엄청난 인맥을 얻는 것도 아니다. 병사들에게는 군대가 시간을 버리는 곳이 아니라 그 안에서 자신만의 목표를 찾고 꿈을 찾을 수 있는 곳으로, 간부들에게는 군인이라는 직업에 자부심을 갖고 행복하게 근무할 수 있는 곳으로 변화시키는 것이다.

나는 군대 최초 독서 전문가를 꿈꾸고 있다. 독서를 통해 20대(병사, 초급간부)와 30~50대(중견간부, 지휘관)가 자유로운 소통을 하며, 군 문화가 변화되길 간절히 바란다.

많은 제약이 있음에도 불구하고 오늘도 묵묵히 그들의 사명을 완수하는 군인들을 응원하며, 선진 병영문화를 만들기 위해, 군인의 인식개선을 위해 나는 오늘도 발 벗고 뛸 것이다.

PART 01

내 삶을
변화시킨
군대라는 스펙

거침없이
생각과 행동
군인
독서 방법

1. 거침없던 권 탱크 시절

'항공과학고등학교 신입생들을 진심으로 환영합니다.'

2007년, 나는 동기들보다 1년 늦은 18살의 나이로 경상남도 진주에 있는 항공과학고등학교에 입학하였다. 24:1의 경쟁률, 졸업과 동시에 공군 하사(9급 공무원 상당) 임관, 7년의 의무복무 후 장기복무 100% 보장, 35년의 정년을 채우고 퇴직을 하면 300만원 가까운 연금 등의 매력으로 고등학교 때부터 이미 내 진로는 정해져 있었다. 하지 말라는 것만 하지 않고 무난하게 졸업하면 길고 평탄한 삶을 살 수 있을 거라고 생각하고 있었다.

더구나 학교에 들어갈 때는 성적우수자 5명을 주간대학에 보내준다고 했으니 충분히 동기부여가 됐으리라. 부모님 권유로 그리고 집안 형편으로 고등학교에 진학하게 됐지만 그 안에서 나는 또 다른 목표를 세웠다. '부산(고향)으로 배속 받기, 편한 특기 받기, 주간대학 가기'였다. 그렇게 나름대로 모범적으로 학교생활을 하던 중 고3때 주간대학 위탁제도가 없어졌다. 그리고 나는 목표를 잃었다.

숨겨진 '권 탱크'의 기질이 나온 건 그때부터였던 것 같다. 우리는 고등학생이라도 민간인 신분이 아니었기에 대민마찰이나 해외여행의 제한이 있었다. 하지만 방학 때 말고는 해외여행을 갈 기회가 없었기에 많은 학생들이 방학을 이용해 해외여행을 갔는데, 보고 절차와 교육이 좀 까다로웠다. 그런데 나는 그게 귀찮다는 이유로 고등학교 3학년 겨울방학에 보고를 하지 않고 무단으로 해외여행을 갔다. 당연히 미보고로 걸렸고, 다행히 퇴학은 면했지만 성적에 큰 감점을 당했다. 그러면서 내 인생 플랜이 꼬여 버렸다. 그때부터 될 대로 되라는 식으로 살았던 것 같다. 업무에 관련된 공부는 하지 않고, 일과 중에 숨어서 자다가 혼나고, 두발 불량으로 매일 지적 받으면서도 끝까지 버티는 고집을 부렸다. 지각도 밥 먹듯이 했고, 회식은 대놓고 빠졌다. 그래도 나름대로 믿는 구석이 있었다. '그래 봤자 나는 장기복무야. 날 자를 순 없어.' 난 좋으나 싫으나 7년은 군 생활을 해야 했고, 그 후는 내가 복무를 계속할지, 제대할지 선택할 수 있었다. 그런데 그 7년의 첫 단추를 잘못 꿰어도 한참 잘못 꿰었던 것이다.

그 무렵 군인들과 어울리기보다는 대학을 다니는 초등학교, 중학교 동창들과 자주 만났다. 그리고 항상 자격지심을 느꼈다. 중학교 때 나보다 공부를 못하던 친구가 좋은 대학을 다니며 자유롭게 대학생활을 즐기는 모습을 보며 항상 씁쓸했던 것 같다. 그 당시 내가 그 친구들에게 그나마 어필할 수 있는 부분은 '직장' 이었던 것 같다. 하사 월급이 얼마 되진 않지만 그때 당시 대학생들보다는 풍족했고, 같이 밥을 먹거나 술을 마셔도 웬만하면 내가 계산을 했었다. 그러면서 그걸로 위안을 삼았다.

그렇게 몇 년을 살다 보니 그게 습관이 되고 인생이 되었다. 같은 하사로 임관한 동기들이 대학원을 다니고, 자기계발에 열을 올릴 때 난 아무것도 하지 않았다. 그리고 더더욱 나 자신에 대한 불만을 군대라는 조직에 표출했다. 짬도 어느 정도 찬 완전체 권 탱크가 되어 가고 있었던 나는 어느 날 발목 인대파열이라는 부상을 당했다. 그리고 원치 않는 입원을 하게 되었다. 그때 친구가 나에게 책을 추천해 주었다. 엠제이 드마코의 〈부의 추월차선〉이라는 책이었는데, 그 책을 읽고 내 인생이 180도 변하게 되었다.

그때부터 1년에 약 400여 권에 가까운 책을 읽게 되었는데 다른 사람들도 책을 읽었으면 좋겠다는 생각이 들었다. 그리고 독서, 이왕이면 군인 대상으로 독서에 관한 글을 써서 책을 출판하고 싶다는 생각이 들었다. 5년의 공백기를 지나 그렇게 권 탱크에게도 '작가' 라는 꿈이 생겼다.

2. 막연했던 작가의 꿈

'어떻게 하면 작가가 될 수 있을까?'

발목인대가 파열되는 바람에 병원에 입원하게 된 사건을 계기로 책을 접하게 됐고, 책에 푹 빠져 읽는데 그치지 않고 글을 쓰고 싶어졌다. 책을 읽기 전의 나와 그 후 달라진 내 모습을 진솔하게 기록하고 사람들에게 '책을 읽으세요, 당신의 인생이 변할 수도 있습니다!' 라고 외치는 독서 전도사가 되고 싶었다.

그런데 어떻게 해야 할까? 그때 당시 내가 생각하던 작가의 이미지는 엄청나게 박학다식하거나 아니면 엄청난 창의력을 바탕으로 남들이 생각해내지 못하고 범접할 수 없는 종류의 글을 쓰는 사람들이었다. 그 관점에서 보면 나는 당연히 100% 탈락이었다. 평범한 학창시절, 고등학교 때부터 군사학교 생활을 했고, 졸업 후 바로 군인이 되어 7년 동안 '창의력'과는 거리가 먼 생활을 했기에 정말 막연한 꿈일 뿐이었다. 머릿속으로는 '베스트셀러 작가가 되어 사람들 앞에서 강연도 하고 TV에도 나와야지.'라고 생각했지만 현실은 달랐다. 작정하고 앉아 그날 있었던 일상들을 적어보기도 했지만 A4용지 1장을 채우지 못하고 그만두기 일쑤였다.

뭐가 문제인지 고민을 해 봤지만 딱히 떠오르지 않았다. 그 무렵 읽었던 어떤 책의 글귀가 생각났다. 그 책의 저자는 나와 상당히 비슷한 길을 걸어왔고, 내가 되고 싶은 미래의 모습과 상당히 흡사한 사람이었다. 난 그 책을 보고 그 작가를 만나보기로 결심했다. 책에 표기되어 있는 메일 주소로 정중히 메일을 보냈고, 그분은 흔쾌히 만남을 허락해 주셨다. 마침 그 주 토요일에 그분의 강연이 있다고 하시기에 강연 신청을 하고 떨리는 마음으로 주말을 기다렸다. 그리고 운명의 그날, 강연을 듣고 그분에게 궁금했던 점을 봇물 쏟듯이 쏟아냈다.

"안녕하세요? 저는 원주에 있는 직업군인 권민창이라고 합니다. 다름이 아니고 저도 작가님처럼 책을 내고 싶습니다. 그런데 어떻게 글을 시작해야 하는지 모르겠습니다. 어떻게 하면 좋을까요?"

참 두루뭉술한 질문이었다. 내가 어느 부분이 부족한지도 모르고 그저 어떻게 하면 좋겠냐고, 내 마음의 짐 보따리가 무거우니 한 방에 해결해 달랍시고 던져 버리는 질문이었다. 하지만 그분은 웃으며 말했다.

"어떤 글을 쓰고 싶으세요?"

난 내가 생각했던 콘셉트를 이야기했다.

"제가 일 년 간 책을 읽고 생각이나 행동이 많이 변화했습니다. 그래서 주변 사람들이 책을 좀 더 읽었으면 합니다."

그분은 뭔가 생각하는 듯하다가 다시 질문했다.

"그래서 그걸 어떤 식으로 쓰실 건가요?"

난 다시 대답했다.

"책을 읽다 보니, 단순히 책을 읽는 데 그치는 게 아니라 책을 어떻게 하면 삶에 효율적으로 적용할 수 있을지에 대한 내용을 쓰고 싶어졌습니다."

그분은 다시 내게 얘기했다.

"그래요, 그럼 콘셉트는 나왔네요. 독서법 책. 글쓰기는 콘셉트가 가장 중요합니다. 막연히 쓰고 싶다고 되는 게 아니에요. 콘셉트를 정했으면 쓰기 전에 책의 뼈대가 되는 목차를 구성해야 됩니다."

난 고개를 갸우뚱하며 다시 물었다.

"목차요? 목차가 뭐죠?"

"목차란 장제목과 그 하위 단위로 구성된 책의 뼈대입니다. 책을 펼쳐 보시면 가장 앞 페이지에 있는 순서를 나열해 놓은 면이 있죠. 책의 성격마다 다르긴 해도 보통 몇 개의 장이나 몇 개의 부로 구성된 것을 장제목이라고 합니다. 그리고 그 장제목 밑에 하위 단위의 소제목이 나열되어 구성된 것을 꼭지라고 합니다. 이것들을 먼저 정하고 나서 그 꼭지에 맞춰 글을 써야 책이 완성된답니다."

"그럼 작가님은 보통 한 권을 쓰는 데 몇 달이 걸리나요?"

"저는 한 권을 쓰는데 한 달도 걸리지 않습니다. 글쓰기는 사람들이 생각하는 것만큼 어렵지 않습니다. 전 필력이 아주 좋지도, 글 센스가 뛰어나지도 않습니다. 하지만 소설이나 에세이, 인문학처럼 필력이나 일정 수준의 지식을 요구하는 책이 아닌 자기계발, 경제나 경영 분야의 책은 누구나 쓸 수 있습니다. 자신의 스토리를 진솔하게 녹여내면 못 쓸 것도 없죠. 성함이 어떻게 되신다고 했죠?"

"네, 권민창입니다."

그분은 내 눈을 바라보며 이렇게 얘기했다.

"권 작가님, 올해 안에 꼭 책을 내실 겁니다."

권 작가라니? 기분이 너무 좋았다. 막연하게 생각하던 작가라는 꿈이 조금씩 현실화되는 것만 같았다.

그날 집에 와서 곰곰이 생각했다. 군인 출신으로 책을 낸 사람이 주위에 전무했기에 군인이 책을 쓸 수 있는지 없는지부터 알아보는 게 급선무였다. 군인포함 공무원은 겸직이 금지되어 있으므로 내가 만약 작가가 된다면, 이것도 겸직인지 아닌지 여부를 알아보는 게 우선이었다. 그래서 그때 당시 공군자살예방교관으로 활동하시던 분에게 전화를 걸었다. 그분은 군무원이셨는데 자살예방교관으로 활동하고 계셨다. 다행히 그분이 전화를 받으셨다.

"안녕하세요? 저는 원주에서 근무하는 권민창 중사입니다. 다름이 아니고 겸직에 대해서 물어보려고 합니다. 제가 만약 글을 쓰고 계약이 되어 출판이 된다면 이건 군법상 문제가 없을까요? 작가가 되는 거잖아요."

"겸직신청서도 있고, 책을 내는 건 딱히 문제가 되지 않을 거 같은데요. 하지만 저도 자세한 것은 알 수 없으니 관련부서에 물어보는 게 좋지 않을까요?"

나는 감사하다고 말씀드리고 전화를 끊었다. 그리고 관련부서에 전화를 걸었다.

"필승! 권민창 중사입니다. 다름이 아니고 제가 책을 내려고 하는데, 혹시 군인신분으로 출판을 하는 게 가능한 일입니까?"

관련부서에서는 군에 위해되는 내용이나 비밀 등을 얘기하는 게 아니면, 보안성 검토를 맡으면 출판이 문제없다고 했다. 그 말인즉슨 군인도 출판이 가능하다는 말이었다.

주변 친구들에게 전화를 해서 그 사실을 얘기했다. 친구들의 반응은 뜨뜻미지근했다.

"야, 글을 쓸 수 있는 거랑 출판은 다른 문제야. 너 말대로 군인이 책을 내는 게 가능하다고 해도 책 낸 군인들이 왜 우리 주위에 없겠냐? 그만큼 출판이 어렵다는 얘기잖아. 일단 쓰고 나서 얘기해라."

무엇을 하기 전에 주위에 떠벌리는 성격이었던 나는 힘을 받고 싶어 몇몇 친구들에게 얘기했는데 그게 오히려 독이 되는 것 같았다. 신선한 충격을 받았던 그 기분은 온데간데없이 사라지고 다시 '아, 내가 정말 글을 쓸 수 있을까? 친구들 말처럼 군인도 책을 출판할 수 있는데 왜 내 주위에는 눈을 씻고 찾아봐도 그런 사람들이 없을까? 설사 내가 글을 쓴다고 하더라도 출판사에서 내 글을 받아 줄까? 난 필력이 좋지도 않은데.' 라며 부정적인 생각을 하기 시작했다.

하지만 그 부정적인 생각보다도 작가가 되고 싶고, 출판을 하고 싶다는 내 꿈이 더 컸다. 난 글을 써야만 했다. 그냥 시간이 흘러가는 대로 내버려두었던 내 잃어버린 6년에 대한 미안함과 동시에 책을 보기 전 나와 비슷하게 사는 친구들이 내 책을 보고 조금이나마 느끼는 점이 있었으면 했다. 그래서 난 본격적인 계획을 세우기 전에 주위 사람들에게 얘기를 하지 않기로 했다. 물론 내 꿈과 미래를 무조건적으로 응원해 주는 사람들도 있었지만, 지금까지의 끈기 없고 나약했던 내 모습을 보며 '넌 못할 거야.' 라며 깎아내리는 사람도 있었기 때문이다. 2016년 9월, 난 그렇게 아무에게도 얘기하지 않고 막연했던 작가의 꿈을 현실로 만들기로 결심했다.

3. 약점을 강점으로

그렇게 목차를 정하고 조금씩 글을 써 나가기 시작했다. 빨리 책을 출판해서 많은 군인들에게 독서의 영향력을 펼치고 싶었다. 나만의 초고 완성 데드라인을 정해놓고 그 안에는 무조건 초고를 완성시킨다는 마음으로 글을 썼다. 그 데드라인 안에 추석연휴가 끼어 있었는데, 고향에 내려가지 않고 집 근처 스타벅스로 출퇴근을 했다.

추석과 주말 내내 아침 8시 반에 와서 저녁 10시까지 있으니까 직원들과도 말을 트게 되었다. 참 고독하고 외로운 싸움이었다. 아무 생각 없이 쉬고 싶고 운동도 하고 싶고 놀고 싶었지만 목표만 보고 꾸준히 글을 썼다. 자는 시간 외에는 계속해서 책에 어떤 내용을 쓸지 고민했다. 책을 읽으며 내 주변인들이 변화한 사례, 내가 변한 사례들을 한 번 더 머릿속으로 생각하며 글로 옮겼다.

그렇게 초고는 우여곡절 끝에 데드라인에 맞춰 완성되었다. 탈고할 힘도 남아 있지 않았고, 초고를 한 번 보고 문맥상 이상한 점이나 오타 같은 것만 수정하고 서점에서 정리해둔 몇몇 출판사에 간단한 내 소개와 연락처, 책의 콘셉트, 타깃 독자층을 적어 보냈다. 사실 출판이 될지도 의문이었다. 왜냐하면 나는 사람들이 흔히 말하는 성공의 기준에 하나라도 부합되는 것이 없었기 때문이다. 학벌이 좋지도 않았고, 돈을 잘 벌지도 않았다. 그렇다고 인맥이 좋은 것도 아니었다. 독서로 군대 문화를 바꾸겠다는 '꿈과 열정' 만 있었다. 그렇게 떨리는 마음으로 출판기획서와 원고를 보내고 기다리고 있었다.

그렇게 3일 정도 지났을까, 모르는 번호로 전화가 오기 시작했다.

"안녕하세요, 권민창 중사님 되시죠? 저는 OO출판사 편집장입니다."

"안녕하세요, 권민창 중사님. 원고 정말 잘 읽었습니다. 저희 출판사가 독서법 관련 책에 관심이 많았는데, 군인이 독서법 책을 썼다는 게 참 신기하네요. 멋집니다. 한 번 만나서 얘기해 보고 싶네요."

열 군데가 넘는 출판사에서 연락이 왔는데, 다들 하는 말이 군인이 독서법 책을 썼다는 게 참 신선하고 좋다는 것이었다. 그리고 내 군대생활 경험에 의거한 사례들이 가독성을 정말 좋게 만든다고 했다. 사실 책을 읽기 전, 그러니까 불과 1년 전만 하더라도 난 내가 군인인 것이 부끄럽고 불만이었다. 20대 초반, 친구들이 연애를 하고 머리를 기르며 대학교를 다닐 때, 난 짧은 머리로 부대에서 일을 하고 있었고, 친구들이 늦잠을 자고 방학 때 해외여행을 다닐 때 난 주말을 제외하고는 정해진 시간에 일어나야 했고 해외여행은 꿈도 꾸지 못했다.

집안 형편상 고등학교 때부터 군인이라는 진로가 정해졌었기에 군인이라는 데 자부심을 갖기보다는 항상 현실에 불평불만하며 수동적으로 살았다. 그렇게 6년을 살다 보니 그게 습관이 되고 인생이 되었다. 함께 졸업을 하고 군인이 된 동기들 중엔 그 6년의 시간 동안 야간대학원을 졸업한 동기도 있었고, 토익 점수가 950점이 넘는 동기도 있었다. 그리고 7년의 의무복무를 끝내고 공기업에 취직하려고 관련자격증을 이미 다 따놓은 친구도 있었다. 그런 동기들 사이에서 난 아무것도 이룬 것이 없었다. 하지만 우연한 기회로 책을 읽게 되었고, 가치관이 변하기 시작했다. 그때 당시 책을 읽고 내가 느낀 생각은 '2만원이 안 되는 돈으로 3시간 남짓을 투자해서 내 인생의 가치관이 변하는 경험을 한다면 이건 정말 내 인생에 남는 장사' 였다.

처음엔 현실을 타개하고 싶어서 책을 읽기 시작했다. 돈을 많이 벌고 싶어서 경제, 경영, 자기계발 도서들을 닥치는 대로 읽었던 것 같다. 그렇게 책을 읽다 보니 어느새 책 읽는 자체가 좋아졌고,

많은 다양한 활동들을 하게 되었다. 평일에도 퇴근해서 작가들을 만나러 다니고, 많은 돈을 투자해서 강연을 듣게 되었다. 그럼에도 불구하고 공허한 마음이 들었다. 정작 내가 책을 읽고 변화하고 있는데, 내가 6년 동안 근무한 군부대에서는 아무것도 하고 있는 게 없었다. 하지만 '나만 잘 되면 되지.' 라는 생각으로 애써 부정했었다. 나 혼자 모두를 따돌렸던 거 같다. 그러다 지금도 내가 가장 존경하는 멘토가 '밖에서 인정받으려면 자신이 속해 있는 곳에서도 인정을 받아야 한다. 책을 읽고 본인이 변했으면, 그 영향력을 당연히 자신이 속해 있는 곳에 끼쳐야 되는 것이 아닌가.' 라는 말씀을 하셨다. 그 이후로 조금씩 내가 있는 곳에서 최선을 다하고 군 부대 안에 독서모임을 만들고, 군대 안에서 있었던 일들과 내가 느낀 점들을 사례로, 어떻게 하면 효율적으로 삶에 독서를 적용할 수 있을지에 대해 책을 쓰기까지 이르렀다.

내가 계속 군대에 대한 안 좋은 감정을 갖고 군인인 것을 부끄러워하고 약점이라고 생각한다면 과연 지금 나는 어떤 모습일까? 내가 좋아하는 작가 중의 한 명인 박웅현 씨의 〈다시, 책은 도끼다〉에서 정말 인상 깊었던 문장이 생각난다. '파리가 아름다운 이유는 그곳에 3일밖에 머물지 못하기 때문이다.' 내가 열심히 군 생활을 함으로써 내가 사랑하는 사람들이 오늘도 행복하게 살 수 있다는 마인드의 군인이 있는 반면, 일은 많고 월급은 쥐꼬리만 한데 애국심을 강요하냐고 불평하는 군인도 있다. 나는 후자였었다. 결국 모든 건 내 마음가짐에 달려 있었다.

본질적인 문제를 해결하지 못한 채 '절이 싫으면 중이 떠나야지.' 하는 마음가짐으로 제대를 했다면 지금의 꿈을 이루지 못했을 것이다. 내가 책을 사서 읽을 수 있었던 것도, 그리고 취미생활을 하고 여가시간을 보내는 데 금전적인 부분에 대한 고민을 하지 않았던 것도 내가 군인이라는 직업을 가지고 있었기 때문이었다. 부대 안에 독서모임이 없다고 불평만 할 게 아니라 내가 직접 만들면 되는 간단한 문제였다. 약점이라고 생각했던 부분이 강점임을 알게 되자 나는 더 이상 고민하지 않고 오롯이 꿈을 향해 달려갔다. 그리고 9월, 강남 교보문고에서 출판사 대표와 출판계약서에 사인을 하게 되었다. 출판사 대표는 내게 '꼭 독서로 군대 문화를 변화시키기 바랍니다.' 라고 말하셨다.

그리고 책이 12월 초 출간되었고, 생각보다 많은 선배들과 후배들이 내 책을 읽고 연락을 주셨다. 생면부지의 평범한 직업군인에게 고등학교 30년 선배가 연락하셔서 '책 출간한 거 정말 축하한다. 이렇게 멋진 후배가 있어 자랑스럽다. 출판하고 좀 더 알릴 기회가 있으면 좋을 거 같아서 좋은 분들을 소개시켜 주고 싶다.' 라고 하시며 공군본부에 계신 선배와 국군문화진흥원에 계신 선배를 소개시켜 주시기도 했다.

후배들은 페이스북이나 인스타그램 개인계정으로 '책을 읽고 너무 감동받아서 한 번 꼭 뵙고 싶다. 저도 선배님을 따라 독서모임을 만들 생각이다. 꿈을 잃고 방황하고 있을 때 선배님의 책을 보고 다시금 마음을 잡을 수 있었다.' 라는 메시지를 보내왔다. 군인들뿐만 아니라 학생, 영어 선생님, 피아노 선생님, 자영업자 등 다양한 직군에 계신 분들도 책을 읽고 연락을 주셨다.

'저렇게는 살지 말아야겠다.' 의 롤 모델이었던 내가 누군가에게 동기부여가 되고 선한 영향력을 미칠 수 있는 존재가 되다니 감개무량했다. 그렇게 4개월 정도가 지나고, '독서를 통해 행동하는 삶' 이라는 주제로 강연을 하고 들어온 어느 날 출판사 대표께서 연락을 하셨다.

"권 중사님 잘 지내시죠? 다름이 아니고 2쇄를 찍어야 할 거 같아 연락드렸습니다."

2쇄란 처음에 찍은 1쇄 분량의 책이 다 판매가 되었을 때 재발행하는 것을 말한다. 기분이 이상했다. 스마트폰이 상용화되면서 책을 읽는 사람들이 현저히 줄어들어, 신인작가가 2쇄를 찍는 건 정말 어렵다는 얘기를 들었다. 그런데 내 책이 4개월 만에 2,000부가 완판이 되다니. 그것만으로도 정말 감사했고, 좀 더 많은 사람들이 내 책을 읽고 동기부여를 받았으면 하는 마음에 100만원이 넘는 인세를 돈으로 받지 않고 출판사와 얘기해서 인세 비용만큼 내 책을 구매하여 국군문화진흥원에 기증하기로 했다.

예전에는 제대가 꿈이었다면 지금의 나는 군인이라는 직업이 정말 자랑스럽다. 내가 약점이라고 생각했던 부분이 나의 가장 큰 강점이 되었다. 자존감이 높은 사람들은 자신이 하는 일에 대해 사명감을 느끼고 행복해 한다. 이 책을 보고 있는 여러분들도 자신이 지금까지 부끄러워해왔던 약점 속에서 강점을 찾길 바란다. 약점이 강점이 되는 순간, 인생이 훨씬 더 행복하고 아름다워질 것이다.

4. 생각할 시간에 행동하라

"민창아, 니 무전여행 갈 생각 있나?"

어느 날 고등학교 때부터 친하게 지냈던 재무라는 동기에게서 연락이 왔다. 대구에서 군 생활을 하면서 바쁘고 힘든 와중에도 격투기, 철인 3종 경기, 마라톤 등 엄청난 도전을 하는 친구였다. 그는 운동신경이 좋지 않은 편이었다. 그렇기에 더 노력하고 땀을 흘렸다. 많은 사람들이 자기가 도전하는 것을 보고 힘을 얻고 용기를 얻었으면 한다는 마인드를 가진 아주 멋진 동기였다. 4박 5일 동안 땡전 한 푼 안 쓰고 강원도 속초에서 경상남도 부산까지 내려가는 무전여행을 할 생각이라고 했다. 그리고 여행에서 만나는 사람들에게 꿈을 물어보고 싶다고 했다.

막연하게 무전여행을 해 보고 싶다고 생각만 했지, 이렇게 직접 기회로 다가 올 줄은 몰랐다. 책을 읽기 전의 나였으면 그런 고생을 왜 사서 하냐고 면박을 주었겠지만, 말보다 행동이 우선이라는 것을 뼈저리게 느꼈기에 무모한 도전임을 알면서도 한 번 해 보고 싶었다. 그리고 해낼 수 있을 것 같았다.

“그래, 한 번 해 보자. 재밌을 거 같다. 언제 휴가 쓸 수 있는데?”

휴대폰 너머로 놀라워하는 그의 목소리가 들렸다.

“오, 이렇게 빨리 결정하다니, 대단하네. 권민창! 그래, 그럼 휴가 맞춰 보자. 10월 말 어떻노?”

“그래, 그럼 그때 수목금 휴가 내자.”

전화를 끊고 나니 가슴이 두근거렸다. 불과 1년 전만 하더라도 피곤하다는 말을 남발하며 매일 집에서 뒹굴뒹굴하던 내가 피곤한 짓을 사서 하려 하다니……. 하지만 너무 재밌을 거 같았다. 왠지 나 자신의 껍질을 깰 수 있는 절호의 기회가 될 거 같다는 생각도 들었다. 그렇게 한 달 전부터 떨리는 마음으로 재무와의 무전여행을 준비했다.

준비물은 생각보다 간단했다. 1인용 텐트, 속옷, 매직과 스케치북, 간단한 세면도구, 바람막이, 랜턴, 편한 복장과 운동화. 무전여행이기에 계획은 당연히 없었다. 출발하기 전날 저녁 많은 생각이 들었다. ‘내가 과연 잘할 수 있을까? 중도에 포기하지는 않을까?’ 하지만 이왕 시작한 거 끝까지 해내자고 스스로에게 다짐하고 잠에 들었다. 다음 날 아침, 재무의 전화소리에 잠이 깼다.

"민창이 니 몇 시 차로 오는데? 내 지금 큰일 났다. 밤차로 왔는데 너무 빨리 속초에 도착했다."

나도 첫 차를 타기 위해 빨리 씻고 집에서 나왔다. 그리고 아침 8시 반, 재무와 속초에서 만났다. 반갑게 인사할 겨를도 없이 무작정 걷기 시작했다.

"재무야, 오늘 우리 어디까지 가는 거고?"

재무는 무심하게 얘기했다.

"오늘 목적지는 강릉이다. 히치하이킹을 하든 걸어가든 무조건 간다."

재무는 스케치북을 꺼내 거기에 '군인 둘이서 무전여행 중입니다. 남쪽이면 됩니다.' 라고 적었다. 적긴 적었는데 둘 다 부끄러워서 적어만 놓고 그냥 걸었다. 한 10km 정도 걸으니 슬슬 힘들기 시작했다. 마침 버스정류장이 있었고 사람들이 없었다. 난 재무를 보며 말했다.

"재무야, 여기서 히치하이킹 한 번 하자."

그런데 말이 쉽지 막상 히치하이킹을 하려니 정말 부끄러웠다. 그래서 재무와 가위바위보를 해서 5분씩 스케치북을 들고 있기로 했다. 그렇게 번갈아 스케치북을 들고 있으니 지나가는 차들이 우리를 신기하게 보는 시선이 느껴졌다. 어떤 사람은 대놓고 옆자리에 탄 사람에게 손가락질로 우리를 보라고 가리키기도 했다.

부끄러움도 잠시였다. 일단 해 보니 아무것도 아니었다. 그렇게

1시간 정도 들고 있어서 부끄러움을 잊고 당당해질 무렵 흰색 포터가 우리 앞에 섰다. 나이가 지긋하신 운전자분은 차창을 내리고 우리에게 "어디로 가시는데요?"라고 물었다. 그리고 우리는 서로를 보며 함성을 질렀다. 실제로 히치하이킹이 되다니, 정말 신기했다.

우리는 동시에 남쪽이면 된다고 외쳤다.

"감사합니다. 아저씨 아니었으면 계속 스케치북을 들고 있을 뻔했어요."

아저씨는 웃으며 얘기했다.

"청년들이 참 대단하네. 그래, 여행계획은 어떻게 돼요?"

우리는 특별한 계획은 없고 그냥 4박 5일 동안 부산까지 내려가는 게 목표라고 했다. 아저씨는 대견하다는 듯 우리를 보며 얘기했다.

"나는 강릉까지 가요. 그래서 강릉까지는 태워줄 수 있을 거 같아. 나도 청년들 나이 때 무전여행하는 게 꿈이었는데, 요즘도 이런 청년들이 있는 걸 보고 놀랐어요. 그래서 태워주고 싶더군."

그렇게 서로 얘기를 하며 1시간 반 정도 지났을까, 강릉에 도착하게 되었다. 아저씨는 왠지 여기가 히치하이킹이 잘될 거 같다며 오죽헌에 내려주셨다. 감사하다는 인사를 하고 우리는 서로 대박이라고 외쳤다.

왠지 내일이면 부산까지 갈 수 있을 거 같다는 근거 없는 자신감도 생겼다. 하지만 그날의 히치하이킹은 아저씨가 처음이자 마지막이었다. 2시간가량 히치하이킹을 해도 안 되어 우린 걷기 시작했다. 정동진 근처에 텐트를 치고 잘 생각이었다. 약 30km의 거리였는데, 걷다 보니 배가 너무 고팠다.

"재무야, 배고프지 않나?"

재무도 배를 만지며 얘기했다.

"맞제, 진짜 배고픈데 우리 식당에 한 번 물어 볼까? 밥 주시면 청소랑 설거지 다 하겠다고."

그런데 선뜻 발이 떨어지지 않았다. 근처에 있는 식당은 누가 봐도 고급스런 한식집이었다. 밥을 얻어먹기는커녕 면박만 당할 거 같았다. 하지만 너무 배가 고팠기에 밑져야 본전이라는 생각으로 들어갔다.

"사장님, 계십니까?"

잠시 기다렸는데 대답이 없자, 나는 재무에게 너무 부끄러우니까 그냥 나가자고 했다. 그때 안쪽에서 사람이 나왔다.

"누구세요? 무슨 일이신데요?"

이젠 나갈 수도 없었다. 난 침을 한 번 삼키고 얘기했다.

"사장님, 저희는 무전여행 중인 군인입니다. 청소랑 설거지 깔끔하게 할 자신 있으니 밥이랑 김치 남는 거 있으면 좀 주실 수 있을까요?"

그분은 웃으시며 말했다.

"어이구, 일단 방에 들어가 있어요. 밥은 챙겨줄 테니."

재무와 나는 마주 보고 환호성을 질렀다. 그리고 잠시 후 사장님이 큰 상을 들고 오셨다. 밥그릇이 넘치게 담긴 밥과 불고기, 김치, 멸치, 김치찌개 등 얼핏 봐도 8첩은 되었다.

"군인이라고 해서 많이 주는 거예요. 이거 먹고 힘내요. 들고 갈 수 있으면 이것도 들고 가요."

그러면서 식혜가 든 큰 물통을 주셨다.

우리는 정말 감사하다고 얘기하며 하나도 남기지 않고 깔끔하게 먹었다.

"사장님, 너무 감사합니다. 이제 저희가 일할 거 알려 주세요. 건강한 몸뚱어리로 열심히 청소하고 설거지하겠습니다."

그러자 사장님은 웃으며 말씀하셨다.

"그냥 가요. 괜찮아. 다치지 말고 밥 잘 챙겨먹고."

나는 길거리에서 누군가가 전화 좀 쓰자고 해도 의심부터 하고 빌려주지 않았는데, 이렇게 일면식도 없는 사람에게 호의를 베풀어 주시다니 감사하다고 연신 말씀드리고 부른 배를 만지며 식당에서 나왔다.

"재무야, 우리도 진짜 남을 돕고 살자."

재무도 고개를 끄덕이며 내 의견에 동의했다. 그리고 그날 밥 힘으로 정동진까지 30km를 걸어서 갈 수 있었다. 정동진 바다에 텐트를 치고 처음으로 1박을 하게 되었다. 가뜩이나 바닷바람도 많이 부는데 걸으면서 흘린 땀이 식어 더더욱 추웠다. 우여곡절 끝에 텐트를 설치하고 누우니 참 많은 생각이 들었다. 모르는 사람의 차를 타고, 일면식도 없는 식당에 들어가 밥을 얻어먹고, 바닷가에 텐트를 치고 자게 되다니. 하지만 이런 색다른 경험을 함으로써 얻는 것도 정말 많았다. 세상이 흉흉하고 정이 없다지만 좋은 사람들도 많지 않은가. 그리고 나도 값없이 받은 것들을 값없이 나눠주고 선한 영향력을 퍼트려야겠다는 생각을 하며 잠이 들었다.

"민창아, 일어나! 해 뜬다!"

잠이 덜 깬 나에게 재무가 텐트를 흔들며 말했다. 얼굴을 찡그리고 텐트를 열었는데, 저 바다 너머로 해가 솟고 있었다. 장관이었다. 말없이 앉아서 일출을 보고 있는데 재무가 내게 말했다.

"우리의 미래도 저렇게 밝을 기다."

평소 같았으면 왜 이렇게 오글거리는 말을 하냐며 뭐라고 했겠지만 넋을 놓고 해를 바라보면서 독서로 군대 문화를 변화시킬 수 있게 해달라고 소원을 빌었다. 정동진 근처 화장실에 들어가서 간단히 머리를 감고, 샤워도 못한 채 물티슈로 몸만 대충 닦고 다시 걷기 시작했다. 하지만 둘째날은 발이 말을 듣지 않았다. 전날 30km를 걸었던 여파로 발바닥 전체에 물집이 잡힌 것이었다. 설상가상으로 비까지 조금씩 내리고 있었다. 내가 재무에게 말했다.

"재무야, 그냥 포기할래? 비도 오는데……. 다들 이해해 주지 않을까?"

SNS에 무전여행을 성공적으로 마치겠다고 떠벌렸건만 몸이 힘들고 배도 고프니 계속 핑계거리만 생각났다. 재무도 맞장구를 쳤다. 그렇게 터벅터벅 걸으며 계속 부정적인 생각을 하는데, 비가 그쳤다. 재무가 말했다.

"민창아, 그래도 이왕 한 거 끝을 보자. 그러려고 온 거잖아."

재무가 그렇게 얘기하니 나도 조금 더 힘을 내야겠다고 생각했다. 그리고 정동진 근처에서 히치하이킹을 했다. 간절함을 하늘이 알아준 것일까, 차 한 대가 우리 앞에서 멈췄고 그 차는 삼척까지 가는 차였다. 삼척까지 가면서 아저씨와 친해졌고, 아저씨는 동해 촛대바위에서 우리와 함께 사진도 찍었다. 그리고 무사히 무전여행을 마칠 수 있도록 먹을거리도 사주셨다. 삼척에 내린 우리는 어제만 하더라도 부끄러워서 서로 미뤘던 히치하이킹을 즐기고 있었다. 길 중간에 서서 스케치북을 높이 들고 피티 체조를 하고 방방 뛰며 차를 잡았다. 그때 트럭이 우리 앞에서 경적을 울렸다. 트럭의 육중한 경적 소리에 우리는 흠칫 놀라며 옆으로 비켜섰다. 그러자 트럭이 멈춰서 한 번 더 경적을 울리는 것이었다.

"우와, 재무야! 타자!"

무전여행을 하며 우스갯소리로 트럭 한 번 타 보고 싶다고 얘기했는데 그게 현실이 되었던 것이다. 사람 좋아 보이는 트럭 운전사분은 우리에게 웃으며 물었다.

"아이고, 무전여행 중입니꺼? 어디까지 가는교? 내는 포항까지

가는데 같이 갈라요?"

나와 재무는 동시에 올레를 외쳤고, 순식간에 강원도에서 경상북도 포항까지 가게 되었다. 5시간 동안 트럭을 타고 가면서 많은 얘기를 했다. 트럭 운전사분과는 말을 놓고 형님 동생으로 부르기로 했다. 가는 도중 내가 물었다.

"행님, 근데 이렇게 온종일 운전하시면 안 피곤하십니까?"

"피곤하지, 그래도 이게 일인 걸 우야겠노? 내가 하루 일 안 하면 다 빵꾸가 난다아이가."

삶의 무게가 그대로 느껴지는 말이었다. 그렇게 포항 IC로 들어설 즈음 형님이 물었다.

"느그 오늘 잘 곳은 있나?"

"뭐 아무 데나 노숙하면 되지 않겠습니까? 텐트도 갖고 왔습니다."

우리는 얼버무리며 말했다. 그 형님은 안타까운 듯이 바라보며 우리에게 이렇게 얘기하셨다.

"그라모, 행님 집에서 자라. 행님이 저녁도 사줄게. 씻고 편하게 쉬어야 될 거 아이가. 부담은 느끼지 말고."

재무와 나는 어안이 벙벙했다. 포항까지 태워 준 것도 감사한데, 저녁도 사주고 심지어 자기 집에서 재워 주신다니……. 나는 누군가에게 저렇게 대가 없는 호의를 베풀 수 있을까? 항상 누군가에게 1을 주면 1을 받아야만 된다고 생각했다. 손해 보지 않고 합리적으로 산다고 생각했는데, 그것이 답은 아니었다. 누군가에게 대가 없이 베풀며 산다면, 나도 대가 없이 행복할 수 있지 않을까? 그렇게 다음 날, 형님은 푹 쉬고 여정을 떠나는 우리에게 아침밥까지 사주시고 히치하이킹이 잘 될 거 같다며 차가 많이 다니는 곳에 내려 주셨다. 그렇게 힘 받은 덕분에 그날 포항에서 부산까지 총 다섯 번의 히치하이킹을 성공해 무사히 무전여행을 마치게 되었다.

무전여행을 시작할 때 누군가가 이렇게 얘기했다.

"그거 민폐 아니야? 대가를 지불하지 않고 재화를 공짜로 얻는다는 자체가 너무 염치없는 짓인데?"

비가 오고 발이 아팠을 때 그 말로 애써 나를 위안했었다.

"그래, 우리는 염치없는 짓을 하고 있는 거야. 얼른 그만두자. 이 정도면 잘했어."

하지만 그때 우리가 포기했다면 돈을 주고도 살 수 없는 경험들을 할 수 있었을까? 아니, 애초에 지레 겁먹고 시작조차 하지 않았다면? 죽을 만큼 힘들었지만 그때 무전여행을 한 덕분에 세상은 아직 살만하고, 우리도 누군가를 대가 없이 도와주는데 행복을 느껴야겠다는 생각을 할 수 있었다. 또 부족하지만 그렇게 살기 위해 노력하고 있다. 책을 읽고 느낀 것을 토대로 생각만 하던 것을 행동으로 옮기는 것 그리고 몸소 깨닫는 것, 이것이 진정한 자기계발의 시작 아닐까?

주머니를 뚫고 나온 날카로운 송곳처럼

– 브랜드 핑크 펭귄 박재현 대표

내 멘토인 배명숙 대표는 머니 셰프라고 불린다. 그 네이밍을 해 주신 분이 박재현 대표이다. 어느 날 명숙 누나에게서 연락이 왔다.

"박재현 대표님 강의 들으러 가자. 이번 주 금요일이야."

마침 병원에 갈 일이 있어 그날 오후 반가를 쓴 상태였고, 병원에 갔다가 바로 서울행 버스에 몸을 실었다. 사실 박재현 대표가 누군지도 잘 몰랐다. 그냥 명숙 누나가 강의 들으면 좋을 거라고 해서 사전 정보도 없이 무작정 참석한다고 했다. 그래도 최소한의 정보는 있어야 할 것 같아서 박재현 대표가 감수하신 〈핑크 펭귄〉이라는 책을 읽었다.

그 책은 수많은 펭귄 중에 눈에 확 튀는 핑크 펭귄이 되는 법, 즉 자신을 어떻게 브랜딩해야 되는가를 가르쳐 주는 책이었다. 군대 안에 독서 핑크 펭귄이 되고 싶었던 나에게 딱 맞는 책이었다. '책이 이 정도인데 강의는 얼마나 좋을까?' 두근대는 마음으로 기대하며 강연장에 도착하니 금요일 저녁인데도 불구하고 150명 정도의 사람들이 와 있었다.

나는 '이 안에서 무조건 튀어야겠다. 나도 네이밍을 받고 싶다.' 라고 다짐했다.

강의 전에 MC가 "여기서 자기가 핑크 빛깔이라고 생각하시는 분 손들어 주세요."라고 했고, 난 손을 들지 않고 다짜고짜 단상으로 올라갔다. 전날 택배로 온 15,000원짜리 핑크 맨투맨을 입었기에 두렵지 않았다.

"오, 대단한 용기시네요. 어떤 일을 하시나요?"

MC의 질문에 나는 자신 있게 대답했다.

"안녕하세요, 독서로 군대 문화를 변화시킬 〈권 중사의 독서혁명〉 저자 공군 중사 권민창입니다."

그러자 MC는 놀라운 표정을 지으며 얘기했다.

"현역 군인이시군요? 책을 출판하셨나요? 대단하시네요. 박재현 대표님께 하실 말씀이 있나요?"

"네, 저는 강원도 원주에서 박재현 대표님께 네이밍을 받으러 왔습니다. 군대에서 독서 핑크 펭귄이 되고 싶습니다."

어두운 곳에 계셔 박재현 대표가 잘 보이진 않았지만 언뜻 미소를 지으시는 것 같았다. 그분은 생각해 보신다고 하셨고, 난 아쉬움이 가득한 채 단상을 내려와 자리로 돌아왔다.

그렇게 강의가 시작됐고, 내가 생각했던 것보다 훨씬 더 좋았다. 다시 한 번 박재현 대표께 내 이름 석 자를 각인시켜드려야겠다는 생각을 했다.

그리고 한 달 뒤, 명숙 누나 강연 때 알게 된 보아스북 박준호 대표가 박재현 대표를 모시고 서울 강남 근처 너보이(너에게 보여 주고 싶은 이야기)라는 카페에서 토크쇼를 한다고 하셨다. 정원이 30명 이하였기에 나를 알릴 수 있는 절호의 기회라고 생각했다.

'내 콘셉트는 군인이니까 이번엔 눈에 확 띄게 군복을 입고 가야겠다. 그럼 날 기억하시겠지.' 그렇게 군복을 입고 운전을 해서 너보이에 도착했다. 토크쇼 시간이 됐고, 난 가장 첫 줄에 앉았다.

대표님은 말씀을 하시며 종종 중간에 나를 언급하셨다.

"권 중사, 이거 어떻게 생각해?"

"권 중사는 30초 안에 자신을 어필할 무기가 있나?"

나는 최대한 튀면서도 예의에 어긋나지 않게 답변했고, 사람들 앞에 나가서 즉흥으로 춤까지 췄다. 그렇게 토크쇼가 끝나고 질문 시간이 되자 나는 대표께 이렇게 질문했다.

"대표님, 제가 독서로 군대를 변화시키고 싶은데 혹시 제게 네이밍을 해 주실 수 있으신지요? 군대 핑크 펭귄이 되고 싶습니다."

그러자 이렇게 얘기하셨다.

"지금 본인이 독서 처방사로 활동하고 있는데, 일단 독서라는 단어 자체가 너무 무거워. 상당수의 사람이 독서라는 말에 거부감을 느낄 거야. 그러면 이런 식으로 바꿔보는 거지. 꿈을 읽는 남자 같은 콘셉트. 누구나 거부감 없이 받아들일 수 있는 단어와 책의 읽다를 합쳐보는 거지. 좋은 네이밍은 이런 식으로 탄생하는 거야. 그리고 웬만하면 영어로 만들어 봐. 같은 의미라도 안철수연구소보다 안랩이 낫잖아. 튀면서도 함축적인 의미를 갖고 있는, 그리고 그것들을 잘 조합해봐. 이 정도면 80퍼센트는 해 줬다."

그렇게 나는 박재현 대표께 내 나름대로 어필한 끝에 브랜딩을 하는 방법에 대해 직접적인 조언을 들을 수 있었다. 그리고 많은 단어들을 합쳐본 끝에 '책으로 누군가를 치료해 준다.' 라는 의미의 '북테라피스트' 라는 네이밍을 내가 직접 만들 수 있었다. 그 이후로도 누군가가 브랜딩을 고민할 때 박재현 대표가 강의 때 말씀하신 내용을 바탕으로 얘기해 주면 상당히 고마워한다.

마케팅과 브랜딩은 우리 삶에 빼놓을 수 없는 부분인 만큼 그 강연은 내게 정말 큰 도움이 되었다. 내가 부끄럽다는 이유로 군복을 입고 가지 않았다면, 앞에 나가서 나를 알리지 않았다면, 아니 강연에 가지 않았다면 내가 과연 이런 부분에 대해 고민이나 할 수 있었을까? 이것저것 재지 말고 일단 부딪쳐 보자. 시행착오를 겪은 만큼 나 자신은 성장할 것이다. 〈핑크 펭귄〉 책에 '권 중사, 자네는 반드시 해낼 거야.' 라고 적어 주신 박재현 대표께 이 자리를 빌려 감사 인사드린다.

청년들과 함께 문화를 만들다

– 청년문화포럼

책이 나오기 전에 내 자신을 알리고 싶어 인터넷을 뒤적거리다 우연히 크몽이라는 어플을 알게 되었다. 피피티 만들어 주기, 카페 꾸며 주기, 명함 디자인 등 정말 다양한 재능기부를 합리적인 가격에 받을 수 있는 어플이었다. 그중에 '브랜드 컨설팅'을 해 준다는 분이 계셨다. 그분을 직접 만나보고 싶어서 연락을 드렸고, 주말에 서울에서 만나기로 했다.

장한평역 근처 스타벅스에서 기다리고 있는데, 풍채가 좋고 사람 좋아 보이는 분이 나에게 말을 걸었다.

"권민창 중사님 맞으시죠? 반갑습니다. 저는 넛지스토리 국도형 대표입니다."

그렇게 그분과 브랜드 컨설팅을 하며 많은 걸 배웠다. 비록 한 시간이었지만 국 대표는 시간에 구애받지 말고 궁금한 게 있으면 무엇이든지 물어보라고 말씀하셨다.

그렇게 함께 이야기를 나누다 보니 너무 잘 맞는다는 생각이 들어 헤어지기가 아쉬웠다. 그래서 "너무 감사해서 그런데 제가 도움 드릴 부분이 있으면 언제든지 연락주십시오."라고 말했다. 그러자 국 대표는 갑자기 뭔가 생각난 듯 얘기했다.

"아, 권 중사님, 다름이 아니고 제가 신경 쓰는 단체가 있는데 거기 재능기부를 좀 해 주실 수 있나요?"

어떤 곳이냐고 여쭤 보니 '청년문화포럼'이라는 청년 단체였다.

청년이 청년을 돕는다는 슬로건으로 활동하며 IT, 패션, 역사, 문화 등 10개가 넘는 분야에서 좋은 일을 기획하고 실현하는 정말 좋은 단체였다. 그곳에서 시간되면 청년들에게 독서나 글쓰기 특강을 해 주시면 정말 감사하겠다고 하시는 거였다. 그리고 거의 다 대학생들이다 보니 군대를 안 다녀 온 남자애들도 있으니 군대에 관한 조언도 해 주시면 금상첨화겠다고 하셨다.

군인뿐만 아니라 모든 사람들에게 선한 영향력을 미치는 존재가 되고 싶었으니 나로서는 정말 좋은 기회였다.

흔쾌히 수락하고 시간 날 때마다 청년문화포럼 활동을 하다 보니 또 너무 좋은 분들을 알게 되었다. 대학 진학을 안 하고 고등학교 졸업과 동시에 곧바로 직업군인의 길을 걸었던 나는 사실 취직 걱정을 해 본 적은 없다. 그렇기에 최저시급, 비정규직은 나와는 다른 세상 얘기라고 생각했었다. 많은 대학생들과 얘기를 나누고 자원봉사활동도 함께 하며 대학생들이 어떻게 지내는지 간접경험도 하다 보니 100%는 아니더라도 어느 정도 체감이 되었다.

그러면서 점점 다양한 직업군에 대한 공감력과 이해도도 높아졌다. 대학생들이 책을 읽을 시간이 없다고 했을 때 핑계라고 생각했다. 그런데 정말 읽을 시간조차 없었고 정작 그들에게 독서는 먼나라 이웃나라 얘기였다. 3~4시간 책을 읽으며 사색하는 것보다 당장 그들에게는 등록금과 학비 충당이 우선이었다.

내가 해 보지도 않고 누군가를 재단하는 것은 참 어리석은 짓이라는 걸 깨닫고, 좀 더 여유 있게 다가갔던 것 같다. 뜬구름 잡는 내용의 책보다는 실제 상황에 도움이 되는 쉬운 책 위주로 소개를 하니 학생들도 흥미를 갖고, 실천적 독서에 대해 다시 한 번 생각하기 시작했다. 그렇게 다양한 활동을 하며 많은 수의 청년문화포럼 회원들과 친해지게 되었고, 그들에게 도움을 주고받으니 그렇게 뿌듯할 수가 없었다. 최근에도 참 뵙고 싶었던 서울시장님을 청년문화포럼 소속으로 기회가 되어 뵐 수가 있었다. 간단하게 내 소개를 하고 책을 드리니 너무 좋아하시며 꼭 꿈을 이루길 바란다고 하셨다. 이런 가치 있고 뿌듯한 일들을 할 수 있어 정말 기쁘고 행복하다.

맞코칭할 수 있는 기회를 찾아라

주말 당직을 설 때 체육관 근처 순찰을 돌다 익숙한 노랫소리를 듣게 되었다. 내가 팝핀을 배울 때 들었던 노래였기에 반가워서 소리의 출처를 찾아갔다. 문 앞에서 계속 듣다 문을 살짝 여니, 병사들이 춤을 추고 있다가 내가 나타나니 쭈뼛쭈뼛 인사를 하며 음악을 끄려고 했다.

"아니야, 괜찮아. 계속 춰. 난 노랫소리가 좋아서 들어 온 거야."

그렇게 얘기를 하니 다시 춤을 추기 시작했다. 5분 정도 췄을까, 병사들이 땀을 뻘뻘 흘리며 잠시 자리에 앉았다. 난 그 틈에 잠시 춤을 췄다. 그러자 아이들이 신기한 눈으로 쳐다봤다. 그리고 내게 말했다.

"춤도 추셨습니까?"

나도 웃으며 말했다.

"그래도 꿈이 댄스 강사였어."

그러자 아이들은 일어나서 춤을 좀 가르쳐 달라고 얘기했고, 그때 짬을 내서 잠시 기본적인 동작을 가르쳐 주었다.

맞코칭이라는 단어는 배명숙 대표의 강연 때 처음 들은 단어다. 그때 처음 들었지만 사실 군대 안에서 많은 사람들이 맞코칭을 활용하고 있었다. 군대 안에는 몸이 정말 좋거나, 영어 실력이 뛰어나거나, 마술에 정통하거나 하는 다양한 재능을 가진 사람들이 많다. 밖에서 PT를 받으며 웨이트 트레이닝을 하면 시간당 몇 만원씩을 지불해야 하지만 주위에 PT를 전공했던 병사가 있으면 같이 운동하면서 무료로 배울 수 있다. 영어와 마술, 농구 같은 경우도 마찬가지다. 열정만 있다면 각자가 자신의 재능을 기부하고, 다른 사람의 장점을 배울 수 있다. 나 같은 경우도 시간이 나면 일과 후에 같은 중대 친구들에게 농구를 가르쳐 준다. 처음 농구할 때 슛도 드리블도 레이업도 움직임도 다 엉망이었던 친구들이 내게 농구를 배우면서 조금씩 농구를 알아갔다. 실력이 향상되어 가는 모습을 보니 나도 보람찼다.

독서모임을 함께 했던 병사들도 마찬가지였다. 서평을 맛깔나게 쓰는 법에 대해 가르쳐 주고, 책을 어떻게 하면 효율적으로 읽을 수 있는지에 대해 말해 주었다. 처음엔 읽고 얘기하는 것조차 힘들어했던 병사들이 A4용지 3장을 할애해 책을 읽고 자신이 느낀 점을 적어오고, 시키지 않아도 자신이 먼저 책을 읽고 느낀 점을 얘기하기 시작했다. 그러면서 자신의 삶에 변화가 생긴 것 같다고 뿌듯해했다. 똑같은 시간이 주어지지만 누군가는 아무것도 이루지 못하고, 누군가는 많은 걸 얻어 나간다. 우리는 어떤 모습인가? 전자인가 후자인가? 현실에 불평하기보다 그 안에서 배울 수 있는 것을 찾는 여러분이 되길 바란다.

5. 당연하게 여기지 마라, 그리고 변화하라

군인이 독서법 관련 책을 내다보니 군부대뿐만 아니라 외부에서도 강연을 하게 되는데, 많은 부모가 공통적으로 하시는 질문이 있다.

"우리 애가 책을 안 읽어요. 어떻게 하죠?"

그러면 나는 이렇게 말씀드린다.

"애가 왜 책을 읽어야 한다고 생각하세요?"

독서 전문가임에도 불구하고 내가 이렇게 되묻는 이유는 부모들이 왜 책을 읽어야 되는지 경험하고 느낀 바를 아이들에게 정확하게 전달할 수 있어야 하기 때문이다.

그냥 '책은 좋으니까, 똑똑해지니까' 라는 이유로는 아이들의 이목을 끌 수가 없다. 10대 후반의 학생이라면 당장 내일 치를 모의 고사가 중요하고, 20대 초반의 대학생이라면 각종 아르바이트와 학점 같은 현실적인 문제에 당면해 있다. 굳이 책을 읽지 않고도, 주머니에서 스마트폰을 꺼내 지문 인식을 하고 인터넷 사이트에 들어가면 내가 찾고자 하는 정보나 지식들을 언제든지 꺼내 먹을 수 있다. 그럼에도 불구하고 계속적으로 책을 권한다면 아이들 입장에서는 잔소리로밖에 들리지 않고 책에 대한 거부감이 생길 수도 있는 것이다.

나도 처음에 누구나 책을 좋아할 줄 알았다. '내가 책을 읽고 인생이 변화했으니 다른 사람들도 책을 읽으면 당연히 인생이 변할 거야.' 라는 마인드로 병사들과 함께 독서모임을 하며 책을 읽었던 것 같다. 한 달에 두 번씩 모여 내가 지정한 책으로 독서모임을 했다.

병사들이 힘들어하는 걸 애써 묵인하며 이렇게 말했다.

"괜찮아. 그렇게 꾸준히 읽다 보면 너희가 알게 모르게 엄청난 발전이 있을 거야. 나중에 나한테 고마워할걸?"

하지만 점점 독서모임을 하는 친구들은 줄었고, 심지어 한 명도 참석하지 않은 적도 있었다. 그때 진지하게 왜 독서모임이 아이들에게 필요한지 생각해 봤던 거 같다. 내 의견을 주입시키고 '너희들은 이걸 해! 그럼 너희들도 인생이 바뀔 거야.' 라고 말하는 것보다 그 친구들이 진정으로 가려워하는 부분을 긁어 준다면? 그 후 당직을 설 때 설문지 100장을 만들어 가서 병사들에게 뿌렸다.

1. 군 생활에 대한 만족도
2. 군 생활을 하며 가장 고민되는 부분
3. 독서의 필요성에 대해 어떻게 생각하나?
4. 독서모임을 만든다면 참여할 의향이 있나?

이렇게 4항목으로 진행했다. 결과는 내 예상과 정반대였다. 군 생활을 하며 가장 고민되는 부분에 무려 88%의 병사들이 꿈과 진로, 자기계발란에 체크를 한 것이었다. 그리고 독서의 필요성에 대해서는 84%의 병사들이 필요하다고 체크를 했다. 하지만 독서모임에 대해선 잘 모르겠다고 체크를 했다.

이렇게 사전조사를 하고 나니 훨씬 더 수월했다. 병사들에게는 당장의 토익 공부가 중요하고 자격증 공부가 중요했다. 20대 초반의 남성들은 여성과 달리 2년이라는 시간을 의무적으로 군대에서 보내야 하기 때문에 상대적으로 취직이 늦어진다. 그렇기에 그들은 자신의 꿈을 향해 필요한 목표설정과 그에 필요한 관련 공부를 하면서 독서를 하고 싶어 했다.

하지만 그 분야에 대해 어떤 식으로 해결해야 할지 헤매고 있는 상황이었다. 나는 순간 아이디어가 번뜩였다. '아, 내가 실질적인 분야별 독서 큐레이션을 제시해 주면 되겠구나. 꿈을 찾고 싶어 하는 병사들에게 추천해 줄 책, 군대에서 조금이라도 돈을 모으고 나가고 싶어 하는 친구들에게 추천해 줄 금전관리 책, 선후임들과의 관계에 어려움을 겪는 병사들에게 추천해 줄 책 등 상황별로 맞는 도서를 추천하고 간략한 설명을 해 준다면……. 그리고 한 달에 한 번씩 그 책으로 나눔을 한다면 그 분야에 관심 있는 친구들이 좀 더 독서모임에 관심을 갖지 않을까?'

그렇게 생각하니 좀 더 욕심이 생겼다. 표본은 적지만 100명이 그렇게 생각했다면, 대부분의 병사들도 비슷하지 않을까. 그렇다면 전군에 독서 큐레이션을 도입하고 내가 강연을 다니며 독서 지도사를 양성하면 좋을 거 같다는 생각이 들었다. 군대를 인생의 터닝 포인트로 삼아 성공한 사람들이 몇 명 있지만, 대부분은 2년의 시간을 버렸다고 표현한다.

하지만 나는 군대가 인생의 진로를 결정하고, 정신과 육체가 건강해질 수 있는 곳이라고 생각한다. 2년의 시간을 허투루 보내지 않고, 군대 안에서 뭔가를 만들려고 끊임없이 노력한다면 안 될 게 없다고 생각했다. 그리고 그걸 토대로 제안서를 만들었다. 이 제안서를 상부에 보고하지는 않았지만, 기회가 된다면 꼭 보고하고 싶다. 그리고 이 책을 토대로 20대(병사+초급간부)와 30~50대(중견간부+지휘관)가 각자가 무엇을 원하는지, 그리고 어떤 부분을 힘들어하는지에 대해 자유로운 소통을 나눌 수 있는 군대가 되었으면 한다.

광주 독서모임에서 강연할 때 현역 육군 대위분이 오셔서 '어떻게 하면 병사들과 친해질 수 있을까요? 책도 같이 보고 싶은데 생각보다 마음을 잘 열지 않습니다.'라고 질문했다.

그분은 지휘관이셨기에 대답하기 조심스러웠지만 난 이렇게 말씀드렸다.

"병사들이 하는 걸 직접 해 보세요. 대위분이시면 자신의 사무실이 있을 겁니다. 혹시 사무실 청소 본인이 해 보신 적 있습니까?"

그분은 부끄러운 얼굴로 아니라고 대답하셨다.

"그럼 사무실 청소부터 직접 해 보시길 바랍니다. 커피도 직접 타시구요. 그러다 보면 병사들에게 어떻게 다가가야 될지 어느 정도 보이실 겁니다."

군 생활에 어느 정도 짬이 차게 되면 자신이 받은 호의를 당연하게 생각하는 경우가 많다. 사무실, 화장실 청소 그리고 커피 타는 일은 병사들이 당연히 해야 하고 심지어 자신들이 먹은 밥그릇과 반찬그릇을 설거지하라고 시키는 경우도 있다. 그런데 그건 당연한 게 아니다. 직급이 높으면 그만한 책임감이 있어야 하고, 그렇다면 어떻게 하면 병사들과 원활한 소통을 할 수 있을까 진정으로 고민해야 한다.

정작 내가 아무것도 변하지 않았으면서 "우리 때는 말이야, 더했어. 요즘 애들은 너무 싸가지가 없어."라고 말할 수 있을까. 그런 사소한 행동 하나하나가 변할 때, 당연한 것이 당연한 것이 아니게 될 때 비로소 진정한 소통이 된다.

최근에 읽었던 책 중에 가장 많이 와 닿았던 〈지적자본론〉이라는 책이 있다. CCC의 회장 마스다 무네아키 씨는 인구 3만에 불과한 다케오라는 작은 마을에 시립도서관을 만들었는데, 연 방문객이 무려 100만 명이 됐고, 또 그가 만든 도쿄의 츠타야 서점은 도쿄의 명물이 되었다.

그는 도서관과 서점의 개념을 탈피해 라이프스타일을 파는 곳, 오래 머무르는 곳으로 만들었다. 책과 함께 들으면 좋은 CD, 편하게 앉아서 볼 수 있는 독서의자 등을 함께 판매했고 서점 안에 산책로와 카페 등 다양한 문화공간을 탑재해 사람들이 최대한 오래 머물 수 있도록 했다. 그가 그 책에서 말한 성공의 비결은 '고객의 입장에서 생각하라.' 였다. 내 입장에서 그 말을 변화시킨다면 '병사의 입장에서 생각하라, 지휘관의 입장에서 생각하라.' 가 될 것이다. 당연한 것을 당연하게 여기지 않는 것. 그것이 진정한 변화의 시작 아닐까?

6. 피할 수 없다면 즐겨라

'뭐 이런 뻔한 소리를 하고 있어?' 라고 할지도 모르겠다. 하지만 뻔한 만큼 꼭 강조하고 싶었다. 20대 초반 나이의 청년들은 병사로 입대하든 간부로 입대하든 반드시 의무복무 기간은 채워야 한다. 군대는 내가 원할 때 퇴사할 수 있는 일반적인 회사가 아니고, 쉬고 싶을 때 휴학계를 낼 수 있는 대학교도 아니다. 최소한 1년 9개월에서 많게는 4년, 최대는 수십 년을 함께 해야 할 평생직장이 될 수도 있다. 수십 년 군 생활을 한 분들 앞에서 감히 군 생활 운운하는 것이 부끄럽지만 7년이 넘는 생활에서 느낀 점이 있다. '부정적인 사람은 불평하고 긍정적인 사람은 매사에 감사한다.' 는 것이다.

부산에 있는 부대에 근무하는 동기 R이 있었다. 내가 졸업한 항공과학고등학교는 성적순으로 특기를 배정받는다. R은 고등학교 성적이 우수해서 모두가 받고 싶어 하는 상당히 편한 특기를 받았다. 그리고 배속지도 집 근처인 부산으로 가게 되었다. 퇴근을 하고 문화생활을 즐기기에도 적합하고 일과 중에도 개인시간을 만드려면 얼마든지 만들 수 있었다. 모두가 부러워했지만 R은 내가 연락할 때마다 불평했다.

"아, 사무실 선임이 맨날 머리 자르란다. 진짜 이 사람 완전 참군인이다. 거기다가 얼마나 겁이 많은지 좀 높은 사람만 오면 굽신굽신이야. 진짜 보기 싫다."

신임하사에게는 모든 사람이 어렵고 힘들었기에 처음엔 나도 동조하고 들어주었다. 그러나 시간이 지나면서 그는 더 심해졌다. 그리고 중사로 진급하여서도 마찬가지였다.

"내 바로 위 맞선임 진짜 답이 없어. 이제 인사도 안 하고 서로 그냥 무시한다. 밑의 후임들한테도 내가 말해놔서 내 밑으로 다 싸그리 무시하기로 했다."

신임하사도 아니고 군 생활을 4년 이상한 중사가 사무실에 파벌을 조성하다니. 얘기할 때마다 항상 불평만 하니 나도 듣기가 거북했다. R은 자기를 건드리지 않으면 '좋은 사람' 자기한테 현실적으로 쓴소리를 하면 '나쁜 사람' 으로 분류했다. 그리고 나쁜 사람으로 분류된 사람들의 말은 조금도 듣지 않았다. 사실 좋게 생각하면 얼마든지 좋게 생각할 수 있었다. 업무가 편하고 부산이라는 지리적 위치의 장점으로 그는 임관 3년차부터 대학을 다닐 수 있었고, 일 때문에 수업을 빠지는 일도 거의 없었다. 그리고 취미생활도 다 즐기는 친구였다. 그렇게 자신이 누리는 장점은 생각도 안 하고 단점만 보니 나를 포함한 다른 동기들도 그 친구의 말을 들으면 스트레스를 받았다. R은 의무복무 7년만 채우고 제대를 했는데, 제대 사유 중에는 사무실 사람들이 힘들게 했다는 이유도 있었다. 그리고 제대하는 날에 사무실에 인사도 하지 않았다 한다. 나는 그 얘기를 듣고 R이 조금 안타까웠다. 사람이란 어디서 어떻게 만날지도 모르는데, 그냥 자기가 싫다는 이유로 그렇게 블라인드를 쳐버리고 마무리까지 그런 식으로 해버리다니. 물론 자신도 스트레스를 받았겠지만, 조금만 달리 생각했다면 그 친구의 군 생활도 충분히 만족스러울 수 있지 않았을까 하는 생각이 든다.

"전달드립니다. 내일 강설 관계로 다들 한 시간 일찍 출근해 주십시오."

내가 근무하는 원주 부대는 강원도답게 눈이 정말 많이 내렸다. 활주로가 얼어 버리면 항공기가 비행을 할 수 없다. 그렇기에 눈이 오면 얼기 전에 제설을 해야 한다. 하지만 1시간 일찍 출근시키는 건 너무 오버 아니냐고 다들 불만이었다.

그런데 그때 사무실의 반장님이 웃으며 얘기를 하셨다.

"오늘 퇴근은 시켜줘서 다행이네. 우리는 국가의 녹을 먹는데,

매일도 아니고 일 년에 한두 번 정도는 나라를 위해 봉사한다는 생각으로 출근하면 좋잖아. 아침 일찍 일어나면 또 하루 상쾌하게 시작할 수 있어서 좋겠구만."

반장님의 말을 듣고 많은 생각을 했다. 실제로 반장님은 군무원단장을 맡으며 부대 안 모든 군무원들의 대소사를 챙기고 일주일에 한 번씩 회의 참석은 물론 사무실도 신경 쓰셨다. 군무원단장이라고 해서 따로 돈이 더 나오거나 뭔가 도움이 되는 것도 아니었지만 군무원들을 대표한다는 마음가짐으로 항상 최선을 다해 자신의 직책에 임했다.

돋보기를 쓰고 모니터를 보면서 스스로 회의내용을 작성하셨고, 사무실의 권익을 위해서도 목소리를 높이셨다. 병사들 사이에서도 '걸어 다니는 천사'라고 소문이 날 만큼 정말 좋은 분이었다. 어느 날 내가 반장님께 여쭤보았다.

"반장님, 저는 반장님의 마음가짐이 정말 존경스럽습니다. 어떻게 그렇게 매사에 긍정적으로 생각하실 수 있습니까?"

반장님은 웃으며 말씀하셨다.

"이미 일어날 일은 우리가 컨트롤 할 수 없잖아? 그럼 긍정적으로 생각해야지. 그리고 이런 직장이 어디 있어. 주기적으로 운동도 할 수 있고, 월급도 나오고, 우리가 나라를 지킨다는 자부심을 갖고 일할 수 있는 최고의 직장이지."

반장님은 말만 하시는 게 아니고 정말 그렇게 생각하고 행동하셨다. 모두가 반장님을 존경하고 따랐다. 항상 긍정 에너지를 퍼뜨리며 솔선수범하는 반장님을 보며, 자신의 일에 자부심을 느끼며 긍정적으로 행동한다면 군 생활이 참 보람차겠구나 하는 생각을 했다.

내가 성남에서 근무하던 신임하사 시절, 남식이라는 병사가 있었다. 그 친구는 일도 잘했고 얼굴도 잘생겨서 참 이쁨을 많이 받을 것 같았다. 하지만 매사에 부정적이었다.

"아, 진짜 왜 저런 걸 하지? 이해가 안 됩니다. 저 진짜 빨리 나가고 싶습니다. 의가사 제대라도 해야 되나 싶습니다."

뭔가 조금 맘에 들지 않는 지시가 나오면 항상 나를 붙잡고 불평을 했다. 나도 그때 당시 남식이에게 조금 물들었던 것 같다. 군대의 모든 것이 싫어 보였으니. 결국 남식이는 그렇게 불평만 하며 아무것도 하지 않은 채 사무실에 제대보고도 하지 않고 나갔다.

반대로 같이 근무하던 용제라는 병사가 있었다. 용제는 남식이의 맞선임이었는데, 남식이와 180도 달랐다. 용제는 병사들의 상담관을 하며 멘토 역할을 했다. 거기다가 자격증을 딸 기회가 있으면 놓치지 않고 접수하여 제대하기 전에 2개의 자격증을 취득했다. 그리고 공감 웹진이라는 공군커뮤니티의 편집위원으로 활동하며 병사들의 군 생활에 도움이 되는 다양한 콘텐츠도 만들었다. 그렇다고 주 업무에 소홀하지도 않았다. 일이 있으면 남식이보다 먼저 나서서 솔선수범으로 웃으며 작업을 했다. 용제가 그렇게 일을 하니 남식이도 같이 할 수밖에 없었다.

신임하사 시절 용제는 나에게 큰 힘이었다. 고참들에게 일을 물어보기도 쉽지 않고, 병사들은 나보다 형들이 많아 말을 놓기가 참 힘들었는데, 나에게 먼저 말을 편하게 하시라고 웃으며 말하고 내가 무안하지 않게, 티 나지 않게 업무를 많이 도와주었다. 그리고 제대할 때도 사무실에 음료수를 돌리며 "건강하게 제대할 수 있게 도와주셔서 감사합니다. 좋은 추억 많이 남기고 갑니다." 라고 말했다.

남식이와 용제, 둘 다 똑같은 2년의 시간을 군대에서 보내고 무사히 제대했다. 하지만 용제는 정말 많은 것을 얻어서 갔고, 남식이는 친구들과 술 한잔할 휴가만을 손꼽아 기다리다가 그대로 군 생활을 마무리했다. 똑같이 주어지는 시간이지만 누군가는 그냥 시간이 가기만을 기다리고, 누군가는 꿈을 찾고 사회로 나아가기 위한 시간으로 사용한다.

〈지키겠습니다, 마음〉이라는 책에서 김종달 작가는 이렇게 얘기한다. '당신이 외부의 일로 고통받고 있다면 고통은 일 자체가 아니라 일에 대한 당신의 판단 때문이다.' 여러분이 어떻게 생각하느냐에 따라 여러분의 군 생활이 달라질 수 있다. 여러분의 군 생활이 '소비'가 아닌 '기회'가 되기를 간절히 바란다.

7. 독서 전문가 권 중사가 말하는 독서 방해요소와 극복법

훈련을 마치고 자대로 배치받은 김공군 이병, 앞으로 남은 2년의 군 생활을 알차게 보내기 위해 입대하기 전부터 책 100권 읽기를 목표로 설정했다. 하지만 자대에 도착하자마자 정신없는 나날을 보내면서 독서와는 담을 쌓게 되었다.

1년이 지나 김공군은 상병이 되었고, 여유시간이 늘어나 독서를 할 시간을 충분히 가질 수 있음에도 불구하고, 신병 때부터 길들여진 버릇 때문에 책에 손도 대지 않는다. 김공군은 '군대에서 자기계발을 할 수 있다는 건 말도 안 되는 소리야. 제대하면 그때 읽어야지.' 라며 누워서 TV를 본다.

군 생활을 7년 넘게 하며 많은 친구들을 보아온 결과 상당수는 이런 식으로 책을 포기하게 된다. 호기롭게 '100권' 이라는 계획을 세우고 반드시 이룬다는 열정을 불태우지만 결국 얼마 못 가 그 불꽃은 사그라든다. 왜 이런 일이 벌어지는 것일까?

목표가 불분명하다

권수에 의미를 두지 말자. 100권이라는 목표는 단순히 책을 즐기기보다 보여 주기 위한 겉핥기식 독서에 가깝다. 다독했다고 '자랑' 하는 것이 독서의 목표가 아니라, 한 권을 읽더라도 그 책을 내 삶에 어떤 식으로 적용했는지, 그래서 내 삶이 어떻게 바뀌었는지 당당하게 얘기해 줄 수 있는 독서를 해야 한다.

남에게 보여 주기 위한 독서는 오래가지 못한다. 차라리 '끌리는 책을 4번 읽고 삶에 적용할 부분 3가지 찾고 실천하기' 처럼 구체적인 목표를 정하는 게 낫다.

최근에 8전비 항공정비전대 병사 100명을 대상으로 독서의 필요성, 현재 고민되는 부분 등에 대해 1번부터 5번까지의 항목을 제시한 설문조사를 한 적이 있다. 그때 100명 중 무려 88명이 진로나 자기계발에 대한 고민을 하고 있었고, 84명이 독서의 필요성에 대해 느끼고 있었다. 그렇다면 목표를 좀 더 세분화시켜 보자. 자기계발이나 진로에 관심이 많은 친구들도 있고, 제대를 하고 창업을 준비하는 친구들도 있을 것이다.

그렇다면 자신이 관심 있는 분야의 책들을 읽으면 훨씬 더 재밌고 더욱더 삶에 적용할 부분이 많지 않을까?

나는 독서계획표를 작성하고 있다. 계획표라고 하면 거부감을 느낄 수도 있는데, 형식적인 계획표가 아니라 실질적으로 나에게 도움이 되는 계획표이다. A4 용지로 양식을 만들고 한 달의 독서 계획을 세우고 계획표를 만들었다. 예를 들면 자기계발에 도움이 되는 책들을 3~4권 정도 정리한 뒤 그 책에 대한 간략한 서평이나 한 줄 요약할 칸을 남겨둔다. 그리고 내 인생에 적용할 부분에 대해서도 간단하게 메모할 칸을 남겨둔다. 그렇게 계획했던 책들을 다 읽었을 때 나에게 주는 선물을 적는다. 작은 것이라도 괜찮다. 동기부여에 아주 큰 힘이 된다. 조금 더 나아가면 인생에서 적용할 부분을 직접 실천해 보는 게 제일 좋다.

예를 들어 '아주 감명 깊게 읽은 책의 저자를 만나서 동기부여 받기' 라는 메모를 했다면, 사지방을 이용해서 그 작가의 강연 일정을 체크하고 휴가에 맞춰 강연을 들으러 간다.

'매일 발전할 부분을 찾기' 라는 메모를 했다면, 그날 하루하루 있었던 일들 중에 내가 배울 점과 고칠 점을 성장일기로 짧게라도 매일 남긴다면 자신도 모르는 사이에 독서에 재미가 붙고, 내적인 성장을 이룰 것이다.

201__년 __월 권 중사의

독서 계획표

목표 〉〉 5권 읽고 삶에 적용하기

보상 〉〉 블루투스 키보드

책 제목	읽은 날짜	삶에 적용할 부분	한 줄 평 및 간단한 서평
스물아홉 생일, 죽기로 결심했다	2016년 6월 3일~9일	지금 당장 제주도 여행 계획 짜기	내 인생은 내가 쟁취하는 것!
인생 수업	2016년 6월 9일~12일	부모님께 하루에 한 번 전화 드리기	우리는 모두 사랑받아 마땅한 존재다.
나는 왜 싫다는 말을 못할까	2016년 6월 13일~19일	하루에 한 번 합리적인 거절하기	착하다는 건 '호구'의 좋은 표현이다.

함께 읽어라

혼자 하는 독서는 한계가 있을 수밖에 없다. 주위 환경에 많이 휘둘릴 수도 있고, 내가 갖고 있는 가치관을 기반으로 책을 읽으면 단조로운 독서가 될 수도 있다. 신병이 혼자 독서하는 모습을 아니꼽게 생각하는 선임들이 있을 수도 있고, 이렇게 저렇게 눈치를 보다 보면 독서에 대한 흥미가 떨어질 수도 있다. 하지만 독서모임을 하며 선임들과 함께 책을 나눈다면? 내가 생각하는 독서모임의 가장 큰 장점은 '다양한 관점' 이다.

1년 정도 꾸준히 부대 독서모임을 진행하면서 내가 느낀 것은 같은 책을 읽어도, 같은 문장을 읽어도 저마다 느낀 점이 180도 다르다는 것이다. 예를 들어 내 가치관이 '행복' 이라면 나는 보통 책을 읽으면 결론이 '행복' 으로 귀결이 되었다. 하지만 다양한 사람들과 함께 '꿈', '진로', '존엄성' 등과 같은 다양한 관점으로 책을 나누면 덩달아 나 자신도 다양한 시각으로 책을 볼 수 있게 된다. 책을 싫어하던 병사가 부대 독서모임을 하고 나서, 제대하고 자신이 살고 있는 지역에 독서모임을 만들기도 했고, 호기심에 부대 독서모임에 들어왔다가 책이 정말 좋아져서 생활관을 책 읽는 분위기로 만든 병사도 있었다.

이렇게 군대 안에서도 독서모임을 통해 변화를 이루어낸 병사들이 많다. 물론 신병이 다짜고짜 독서모임에 들어가고 싶다고 얘기하면 건방지게 생각하는 선임들도 있다. 그런 경우에는 자유시간에 눈치껏 선임들이 어떤 행동을 하는지 파악하면 된다. TV를 보는 선임도 있고, 운동을 하는 선임도 있지만, 책을 읽는 선임도 있다. 그럼 조심스레 다가가 책 이야기를 하며 친해지고 같은 책을 읽고 함께 나누는 시간을 가질 수 있을 것이다. 이렇게 함께 읽다 보면 생각이 확장되는 신기한 경험을 할 수 있다. '한 명이 열 권의 책을 읽는 것보다, 열 명이 한 권의 책을 읽는 것이 낫다.' 다양한 관점에서 새로운 시선으로 책을 본다면 책에도 재미를 붙일 수 있고, 생각이 확장되는 경험도 할 수 있을 것이다.

강박관념을 갖지 말자

부대 독서모임을 진행하며 한 병사가 나에게 이렇게 물었던 적이 있다.

"권 중사님, 책이 너무 머리에 안 들어오는 데 이럴 땐 어떻게 읽어야 됩니까?"

상당히 많은 사람들이 책을 한 번 읽기 시작하면 어렵거나 재미가 없어도 끝까지 읽어야 된다고 생각한다. 하지만 전혀 그렇지 않다. 그 책이 어렵고 재미가 없다는 것에는 이유가 명확하다. 정말 책이 재미없거나(매끄럽지 못한 번역도 포함), 아니면 내가 소화하기 어렵거나(배경지식의 부족), 내 관심사와 정반대인 경우다. 그럴 경우에는 어떻게 읽어야 좀 더 머리에 들어올까를 고민하지 말고 과감하게 책을 덮어도 된다. 책은 기본적으로 '지식 전달'과 '재미'를 위해 읽게 되는데, 둘 다 충족하지 못하는 데 강박관념으로 인해 끝까지 책을 붙잡고 있다면 이 책 한 권으로 인해 독서 전반에 대한 흥미가 떨어질 수가 있고, 이런 경우 자체적인 '독서 방해요소'가 될 수 있다. 억지로 읽는 책은 내 삶에 전혀 도움이 되지 않는다. 책을 처음 읽는 경우, 쉽고 재미있는 책부터 읽으면서 '독서 근육'을 키우고 단계적으로 수준을 올리면서 독서를 한다면 점차적으로 독서에 흥미가 붙고 다양한 책을 읽을 수 있을 것이다.

이상으로 독서 방해요소와 극복법에 대해 짧게나마 알아보는 시간을 가졌다. 〈책을 읽는 사람만이 손에 넣는 것〉이라는 책의 저자 후지하라 가즈히로는 독서를 통해 살아가는 데 정말 필요한 '집중력'과 '균형 감각'을 얻을 수 있다고 얘기했다. 적응하기가 쉽지 않은 군 생활이지만 독서를 통해 낯선 환경과 상황을 극복하길 바란다. 그리고 독서를 통해 한 단계 더 성장하길 바란다. 여러분의 보람찬 군 생활을 진심으로 응원한다.

8. 나는 자랑스러운 군인이다

나는 중학생 때 되게 뚱뚱하고 땀도 많이 흘렸다. 오죽하면 별명이 땀민창이었을까. 그래도 성격 자체는 둥글둥글해 남자애들은 욕하면서도 날 좋아했는데 문제는 이성이었다. 그때 다녔던 학원에 내가 좋아했던 여학생이 있었다. 몇 달을 고민하다 그 여학생에게 고백을 했었다. 그러자 그 여학생은 남자친구를 사귈 마음이 없으니 미안하다고 했다. 가슴이 아팠지만 그러려니 했다. 내가 무엇을 할 수 있었을까. 그런데 우연히 여자 화장실 근처를 지나가다 그 여학생이 친구와 말하는 걸 엿듣게 되었다.

"야, 권민창이 나한테 고백했다? 진짜 기분 나빠."

그 말을 듣고 사흘간 잠을 못 잤다. 그리고 독하게 다이어트를 시작했다. 새벽에는 산에 올라가 운동장을 뛰고, 학교 마치면 운동장에서 농구를 했다. 그렇게 6개월 동안 15kg을 빼니 난 완전히 다른 사람이 되어 있었다. 하지만 겉모습이 좋아졌다고 해서 내 자존감이 올라간 것은 아니었다. 외면적인 부분으로 상처를 받았기에 사람들을 볼 때 그 사람의 내면보다는 외면을 봤던 것 같다. 학창시절에는 몸매나 얼굴 그리고 군인이 되고나서는 직장이나 연봉, 학벌을 봤다. 멀쩡한 겉모습을 갖고 있었음에도 항상 남들과 나를 비교하며 살았다.

나는 군인이라는 직업이 상당히 부끄러웠다. 내가 원해서 선택한 것이 아닌, 가정형편 때문에 어쩔 수 없이 군인이 된 것이라고 생각했다. 사람들이 하는 일을 물으면 그냥 직장인이라고 얘기했지, 군인이라고는 하지 않았다. 혹시나 누가 '군인이세요?' 라고 물어보면 화들짝 놀라며 손사래를 쳤다. 혹여나 좀 융통성 없는 지시사항이 내려오면 '이래서 군대는 안 돼. 발전이 없어.' 라고 하며 현실을 부정하기만 했다. 그렇게 몇 년을 살다 보니 난 '프로불편러' 가 되어 있었다.

모든 걸 비꼬아서 생각하고 부정적으로 생각했다. 그때 성우라는 동기생과 밥을 먹을 기회가 있었다. 성우는 고등학교 시절 사고뭉치였다. 몰래 담배를 피우다 걸리고, 별것도 아닌 걸로 애들한테 시비를 걸고 싸움을 붙이는 경우도 있었다. 나와 성향이 달랐기에 친하지도 않았고 친해지고 싶은 마음도 없어 같은 지역에 근무하면서도 한 달에 한 번 보기도 힘들었다.

“야, 성우야, 제대하고 싶다. 진짜 군대는 왜 이렇게 답답하지?”

밥을 먹으며 난 성우한테 다짜고짜 불만을 털어놓았다. 내가 고등학교 시절 기억하고 있던 성우라면 같이 군대에 대한 욕을 하며 맞장구를 칠 줄 알았다. 근데 성우는 웃으며 내게 말했다.

“제대? 난 충분히 만족하고 사는데…….”

난 성우가 어떤 일을 하는지 알고 있었다. 항상 새벽에 출근해서 저녁 늦게 퇴근하는 일을 했기에 개인적인 시간이 나보다 훨씬 적었다. 그런데 만족스럽다고? 성우에게 어떤 부분이 만족스럽냐고 물어봤다. 그러자 성우는 내게 얘기했다.

“그냥, 일주일에 한 번씩 야간대학원 다닐 수 있게 해 주고 주말에는 공부할 수 있는 시간이 있으니까. 무엇보다 항공기를 정비하는 게 좋다. 내가 정비한 항공기가 하늘을 날고 있으면 알게 모르게 가슴이 벅차오르더라고.”

성우의 말을 듣고 다시 한 번 군 생활을 되돌아보게 되었다. 나는 성우에 비해 개인적인 시간도 많았기에 취미생활을 즐길 수 있는 여유도 있었다. 하지만 내 내면을 채울 생각은 하지 않고 보이는 모습에 대한 불평만 했던 것이다. 그 어렵고 힘든 환경 속에서도 야간대학원을 다니며 배움을 게을리하지 않는 성우를 보며 내 자신이 부끄러웠다.

그리고 조금씩 마인드를 바꿔보자고 다짐했다. 우선 정기적인 회식부터 참여하기 시작했다. 그 전에는 퇴근하고 군인들과 보내는 시간조차 아까워서 눈치 보지 않고 회식을 가지 않았는데 생각해 보니 한 달에 한두 번은 가도 괜찮겠다는 생각이 들었다. 그리고 명분이 없는 번개회식이 아니라 부대를 방문하거나 진급을 할 때나 전속을 가는 정기회식은 그 자리에 있는 것만으로 그 사람에게 큰 힘이 되겠다는 생각이 들었다. 그리고 사람들에게 웃으며 인사하기 시작했다. 항상 인사는 마지못해 했었지만, 내가 긍정적으로 사람들에게 다가가면 그 사람들도 날 긍정적으로 바라볼 거 같다는 생각이 들었다. 그렇게 조금씩 난 변화하기 시작했다. 독서모임을 만들고, 책을 출판하고, 강연을 다니며 나는 내가 군인인게 자랑스러웠다. 누군가에게 내 소개를 할 때도 끝엔 항상 "공군중사 권민창입니다."라고 웃으며 말했다. 내면이 바뀌니 만나는 사람들도 나를 인정하기 시작했다. 군대에 대한 긍정적인 얘기를 해 주고 꼭 독서문화를 군대에 전파하시길 바란다고 얘기했다.

많은 후배들이 나에게 고민을 털어놓는다. 군대가 싫은데 의무복무 때문에 어쩔 수 없이 하고 있다는 식이다. 그럼 나는 이렇게 얘기한다. 내가 너무나도 뛰어난 인재라 국가에서 날 놓아주지 않는다 생각하라고. 그리고 군인의 한계를 보지 말고, 군인임에도 불구하고 할 수 있는 것들을 찾아보라고. 평일 내내 일하며 스트레스받은 걸 술 마시면서 풀지 말고, 다양한 사람들을 만나보고 많은 경험을 해 보라고 말한다. 병사들에게는 휴가 때 친구들과 술 마시는 시간을 좀 줄이고 문화 활동과 좋은 강연을 들어보라고 추천한다. 그리고 거기서 만난 사람들에게 자신이 군인임을 당당히 어필하라고 얘기한다. 대부분의 사람들은 군인이 다양한 활동을 하는 것에 대해 대단하고 멋지게 생각한다. 미숙한 사람은 세상이 개선하지 않으면 안 되는 것들로 가득 차 있다고 불평하지만 성숙한 사람은 자신을 먼저 변화시키는 데서 세상의 변혁을 꿈꾼다. 군인 신분은 자신에게 결코 마이너스가 아니다. 오히려 가장 큰 스펙이다. 가장 멋진 사람은 겉모습이 멋진 사람이 아닌, 자신의 일에 보람을 느끼고 자부심을 갖는 사람이다. 우리가 나라를 지킴으로써 우리 주변의 소중한 사람들이 편히 쉴 수 있는 것이다. 60만 장병 모두가 자신이 군인임을 당당하고 자랑스럽게 여겼으면 좋겠다.

PART 02

군대 최초
독서 전문가를
꿈꾸며
작은 변화를
만들다

새로운 시야
영향력
soldeamer
최초
발군모임

1. 진정한 탐험은 새로운 땅을 찾는 게 아니라 새로운 시야를 갖는 데 있다

2017년 3월에 교육을 받으러 3주 동안 진주 교육사령부에 내려갈 기회가 있었다. 진주 근방에 또 다양한 군인 선후배들을 만나고 싶어서 SNS에 진주에 내려간다고 올리자 나현이에게서 연락이 왔다.

"선배, 이번에 진주 내려오신다면서요? 제가 부대 사람들하고 같이 독서모임할 건데 오셔서 좋은 말씀도 해 주시고 같이 모임도 해요."

고등학교 4년 후배인 나현이를 처음 보게 된 건 서울에서 독서법 강연을 할 때였다. 그때 내 강연을 듣고 싶다고 서울까지 찾아왔었다. 그게 인연이 되어서 계속 연락을 하고 있었다. 마침 나현이는 진주와 가까운 사천에 근무하고 있었고, 그곳에서 독서모임을 하려고 준비 중이었는데 내가 진주로 교육 간다는 글을 보고 연락을 한 거였다.

"그래 나현아, 선배도 많이 기대된다. 내가 오히려 더 배워야지."

교육은 일과 중에만 들으면 되는 거라 퇴근 후엔 자유 시간이었다. 진주에서도 재미있는 일이 많이 생길 거 같아 부푼 마음을 안고 진주로 내려갔다. 그리고 2주차 무렵, 퇴근하고 드디어 사천 독서모임에 가게 되었다. 차가 막혀 10분 정도 늦게 도착했는데 이미 8명 정도의 인원이 모여 있었다.

"여러분, 다들 아시죠? 권민창 중사님입니다. 저희 독서모임에 한 번 초대하면 좋을 거 같아서 제가 말씀드렸고 흔쾌히 수락해 주셨습니다."

나현이가 간단히 내 소개를 했고 난 인사를 한 뒤 자리에 앉았다.

"그럼 다 모였으니 각자 소개를 해볼까요? 제일 왼쪽 태민이부터 해 보자."

태민이라는 친구는 머쓱한 얼굴로 일어나서 자기소개를 했다.

"안녕하십니까? 항공고 44기 송태민 하사입니다. 2년을 좀 넘게 군 생활을 하면서 참 꿈 없이 살았습니다. 매일 퇴근하고 술 마시고 자다가 곽나현 선배를 만나서 좀 더 나은 사람이 되고 싶다는 생각을 했고, 이렇게 독서를 시작해 보려고 합니다. 잘 부탁드립니다."

이런 식으로 8명의 소개가 끝났다. 하사부터 대위까지 다양한 계급이었고, 각자 삶을 독서로 좀 더 윤택하게 만들고 싶다는 열망이 느껴졌다. 나도 간단히 내 소개를 했다.

"안녕하십니까? 독서로 군대 문화를 변화시킬 〈권 중사의 독서혁명〉 저자 권민창입니다. 이렇게 초대해 주셔서 감사하고, 많이 배워가고 또 많이 드리고 싶습니다. 감사합니다."

내 소개가 끝나자마자 옆에 있던 후배가 나에게 자신의 고민을 털어놓기 시작했다.

"SNS로만 만나다가 실제로 뵈니 진짜 신기합니다. 저는 군 생활이 너무 힘듭니다. 얘기가 잘 통하는 사람도 몇 없고, 다들 군인이라는 직업에 대한 자존감이 낮은 거 같습니다. 저는 부자가 되고 싶고 좋은 차도 타고 싶은데 그 얘기를 옆에 있는 선임에게 하면 '우리는 저런 차 못 타.'라고 얘기합니다. 덩달아 저도 군인이라는 직업에 대한 자존감이 떨어집니다. 뭔가 꿈의 크기가 정해지는 것 같아서 제대를 하고 싶습니다."

그 후배는 일 년 전의 내 모습과 흡사했다. 그래서 후배에게 물었다.

"그렇구나. 그럼 무슨 꿈을 갖고 있지?"

그러자 후배는 머리를 긁적이며 말했다.

"아직 이렇다 할 꿈은 없습니다. 그냥 군대가 답답합니다."

"일 년 전 내 모습과 정말 비슷하네. 근데 명확한 꿈이 없이 단순히 답답하다는 이유로 제대를 한다면 본질적인 문제가 해결될까? 그 답이 과연 제대일까?"

그러자 후배는 대답을 하지 못했다.

"군대 안에 크고 작은 많은 조직들이 있겠지. 그리고 네가 근무하는 곳도 그 조직 중에 하나일 거야. 근데 그런 작은 조직에서조차 사람들에게 인정을 못 받은 채 제대를 하는 것보다는 그 사람들이 '진짜 재는 군대에 있기 아깝다.' 라는 생각이 들 정도로 뭔가 특출나거나 자기계발을 열심히 한다면 그때 제대를 생각해도 늦지 않을 거 같은데? 아직 의무복무가 많이 남았잖아. 그동안 사무실 선후임들에게 먼저 인정받는 군인이 되는 건 어떨까. 그리고 네가 꿈의 크기를 결정해 버리는 얘기를 하는 선배가 안 됐으면 좋겠어. 난 이런 조그마한 변화들이 군대의 문화를 바꿀 거라고 생각하는데?"

그 후배는 고개를 숙이며 이렇게 얘기했다.

"선배님 감사합니다. 현실만 탓하고 저는 아무것도 하지 않았던 것 같습니다. 선배님 얘기처럼 작은 조직에서부터 인정을 받도록 노력해 보겠습니다."

내 얘기에 동석했던 대위분도 공감을 표시했다. 자신도 신임장교 시절에는 단순히 군대가 싫었고 제대를 하고 싶었다고 한다. 하지만 결혼을 하고 군 생활을 하다 보니, 여기서 인정을 못 받는데 어떻게 나가서 인정을 받을까 하는 생각이 들어 자신의 업무에 최선을 다했다고 한다. 그렇게 3년 정도 근무한 뒤 제대를 말씀드리자 자신의 상관이 '좋은 인재가 제대한다니 아쉽지만 군대에서 한 것만큼만 하면 무슨 일을 하든 잘 할 거야.' 라고 격려해 주셨다고 한다.

얘기를 하다 보니 그 자리에 있는 대부분의 후배들도 비슷한 생각을 갖고 있는 것 같았다.

1. 일이 힘들다.
2. 인간관계가 힘들다.
3. 돈을 많이 벌고 싶다는 얘기를 하면 주변에서는 꿈 깨라고 얘기한다.
4. 제대하고 싶다.

내가 무엇을 어떻게 하느냐보다는 먼저 이것을 왜 하는지에 대한 자아성찰이 필요하다.

다이어트를 시작하는 이유는(왜) 살이 쪘기 때문이고, 좀 더 날씬한 몸매를 만들어서 나도 만족하고 사람들에게도 잘 보이고 싶기 때문이다. 이 이유 없이 식단부터 짜고 운동부터 하는 사람들은 없을 것이다. 마찬가지로 군 생활도 그렇게 생각할 수 있다. 결혼을 했기 때문에, 의무복무기간이니 어쩔 수 없이 하는 것이 아니라 항공기를 정비함으로써 국가 영공방위에 내가 이바지할 수 있고, 군대에서 나오는 월급으로 내가 원하는 자기계발을 하는 데 부족함

없이 쓸 수 있다는 생각을 한다면 일주일의 5일이 좀 더 보람차고 의미 있지 않을까.

그렇게 2시간이 쏜살같이 지나가 버렸다. 다양한 계급이 모여 각자의 군 생활과 미래에 대한 고민을 가감 없이 나누는 시간이었다. 만약 '독서' 라는 콘텐츠가 없었다면 여기 있는 대위와 하사인 후배들은 단순히 상관과 부하의 관계 그 이상 그 이하도 아니었을 것이다.

하지만 '독서' 라는 콘텐츠로 각자 자유로운 소통을 했고 그들은 좀 더 다양한 관점에서 자신의 삶을 볼 수 있게 되었다. 비록 작은 독서모임이었지만 난 이 안에서 희망을 보았다. 이 독서모임이 부대뿐만 아니라 공군 전체, 나아가서 국방부에서까지 활성화된다면? 20대(병사+초급간부)와 30~50대(중견간부+지휘관)를 아우를 수 있지 않을까. 그리고 하루빨리 내 꿈인 현역 군인 독서 전문가가 되어 그들을 이어 주는 중간다리 역할을 하고 싶었다.

후배들은 너무 좋은 시간이었고 다음에도 꼭 뵙고 싶다며 연락처를 받아 갔고, 지금도 종종 연락을 하며 지내고 있다. 내가 책을 읽었기에 꿈을 찾을 수 있었고, 이렇게 좋은 선후배들을 만날 수 있었으며, 이런 얘기들을 해 줄 수 있었다. 아직 내가 만나지 못한, 자신이 왜 군 생활을 하는지에 대해 한 번도 생각해 보지 못한 사람들이 많을 거라는 생각이 들었다.

나도 많이 부족하지만 내가 그들에게 군 생활을 하며 경험했던 부분과 느꼈던 부분들을 얘기해 준다면, 그들이 수동적으로 시키는 것만 할 것이 아니라 자신의 군 생활을 능동적으로 이끄는 데 조금은 도움이 되지 않을까 하는 생각이 들었다.

2. 지금 있는 곳에서 할 수 있는 걸 해 보자

SNS로 우연히 알게 된 고등학교 1년 선배가 있었다.

'군인이 이래도 돼?' 라고 생각할 정도로 해외여행을 많이 다니던 창헌 선배이다. 나중에 한 번 만나서 얘기라도 해 보고 싶다고 생각만 하고 있었는데 정말 우연히 진주에서 만나게 되었다. 교육이 끝나고 퇴근하는 길에 우연히 눈이 마주쳤고 난 선배임을 바로 알아챌 수 있었다.

"필승! 선배님 여기서 근무하셨습니까?"

선배도 반가운 표정으로 말했다.

"와, 니가 민창이구나. 얼굴 보는 건 처음이네. 나 너랑 얘기하고 싶은 게 많은데. 교육 온 거야? 교육 언제 끝나지?"

나는 다음 주에 끝난다고 얘기했고, 선배는 그럼 바로 내일 점심을 먹을 수 있냐고 물었다. 점심때 별 약속이 없었고, 나도 창헌 선배와 한 번 얘기해 보고 싶었다. 다음 날 점심시간에 맞춰 선배와 함께 부대 밖으로 나가서 밥을 먹었다.

선배는 나에게 궁금한 게 정말 많은 듯했다.

"민창아, 너 책 낼 생각을 어떻게 했냐? 너 진짜 대단하다. 사실 나도 글을 쓰고 싶거든."

"선배님도 쓰실 수 있어요. 저 밥 먹으면서 선배 얘기 좀 듣고 싶어요."

그리고 식당에 도착해서 밥을 먹으며 선배에게 궁금한 점을 물었다.

"선배는 어떻게 그렇게 여행을 다닐 생각을 하셨어요?"

그러자 창헌 선배는 웃으며 자신의 얘기를 시작했다.

"사실 나도 우여곡절이 많았어. 항공기 정비특기를 받고 광주 부대에 배치를 받아서 일만 열심히 하고 살았어. 그때는 시키는 거 다 하고 회식 다 참여하는 게 잘 사는 줄 알았거든. 그래서 나는 진급도 되게 빨리 했어. 그런데 내 시간이 없더라고. 그래서 나는 시간 날 때마다 드라이브하면서 스트레스를 풀었어. 근데 어느 날 차를 폐차시킬 정도로 사고가 났어. 그때 식물인간 상태로 병원에 며칠 누워 있었지. 눈만 깜빡일 수 있었거든. 어머니가 우는 소리, 아버지가 절규하는 소리, 의사한테 애원하는 소리까지 다 들리는데 정작 나는 내 몸 하나 컨트롤할 수가 없더라. 그때 이런 생각이 들더라고. 난 지금까지 뭘 위해 살았지? 잘 산다고 살았는데 진짜 한 게 없어. 이렇게 죽기는 정말 아깝다는 생각이 들었지. 다행히 난 깨어났고, 척추신경을 건드리지 않아 재활도 성공적으로 됐어. 그러면서 이제는 내 인생을 살아야겠다고 결심했지. 그래서 진주로 부대를 옮겼고, 시간이 날 때마다 해외여행을 다니며 돈 주고도 살 수 없는 다양한 경험을 하고 있어. 여기 온 지 2년밖에 안 됐는데 벌써 10개국 정도 다닌 거 같네. 앞으로의 내 꿈은 여행 작가야. 여행을 하며 느끼는 경험들을 적고, 사진들과 함께 책으로 엮어내고 싶어."

선배의 얘기를 들으면서 나는 감동했다. 내가 만약 그런 상황이었으면 현실을 비관하지 않았을까? 지옥 같은 재활을 견뎌낼 수 있었을까? 담담하게 얘기하지만 분명 그만큼 힘든 시기를 견뎌냈기에 선배의 얼굴에선 삶에 대한 감사함이 엿보였다. 나는 선배의 꿈에 조금이나마 보탬이 되고 싶었다.

"선배, 아까 책을 내고 싶다고 하셨죠?"

창헌 선배는 진지한 얼굴로 얘기했다.

"응, 그래. 하지만 나는 글을 잘 쓰는 것도 아니고 써 본 적도 없어서 참 막막해. 그리고 나보다 여행을 훨씬 많이 다닌 사람들도 책을 안 내는데 10개국 정도 다녀온 걸로 책을 내는 것도 좀 아이러니하고. 그래서 군 생활하며 계속 여행을 다녀서 경험을 쌓고 10년 뒤에 제대를 해서 꼭 내고 싶어."

나는 선배의 눈을 바라보며 말했다.

"필력이 좋지 않아도 돼요. 필력이 좋으면 소설이나 에세이를 써야죠. 선배가 쓰고자 하는 책의 분야는 스토리가 제일 중요해요. 선배의 경험만으로도 사람들에게 어필할 수가 있다는 거예요. 그리고 선배가 말했듯이 여행 작가는 많아요. 하지만 현역군인 여행 작가는 없을 걸요? 선배가 처음으로 개척하는 거예요. 어때요?"

선배는 놀랍다는 표정을 지으며 말했다.

"네 말을 들으니 정말 그렇네. 그럼 내가 어떻게 하면 될까?"

"혹시 여행을 갔을 때 일기나 메모 같은 거 하셨나요? 안 하셨으면 오늘 퇴근하고 집에 가셔서 그때의 느낌을 살려 여행일기를 작성해 보세요. 타지마할을 보고 느꼈던 기분, 그리고 인도에서 동네 아이들과 어울려 놀았던 느낌들을 솔직하게 적는 거죠. 그 시간, 그때 내가 느낀 기분을 글로 적어놓으면 그건 평생 남는 거예요. 기록하지 않으면 다 날아가요. 너무 아깝잖아요. 선배가 여행 작가가 꿈이라면 지금부터라도 조금씩 기록하세요. 이렇게 꾸준히 2년 정도 여행 다니시고 출판에 도전해 보세요. 전 선배 얘기 들으면서 정말 감동했거든요. 필력보다도 진정성 있는 스토리가 독자의 마음을 울릴 것 같아요."

창헌 선배는 내 말을 듣고 이렇게 얘기했다.

"민창아, 너무 고맙다. 단순히 사진만 찍고 마음에만 남겨놨었는데 그런 말을 들으니 정말 기록이 중요하다는 게 새삼 느껴진다. 오늘부터라도 조금씩 기록해 볼게. 그리고 너처럼은 책을 읽지 못하더라도 일주일에 한 권씩은 꼭 읽고 SNS에 독후감 남길게. 정말 고맙다."

나도 선배에게 고마웠다. 군대 최초 독서 전문가를 꿈꾸면서도 군대는 바뀌기 힘들다고 은연중에 생각하고 있었다. 하지만 이렇게 군 생활을 하면서 자신의 꿈을 꾸는 사람들이 있다는 것에 큰 힘을 얻었고, 내가 도움을 줄 수 있음에 감사했다.

그때 이후로 창헌 선배는 든든한 내 조력자 되었다. 내 강연을 듣고 싶다고 전라도 광주 독서모임 '북렵'에서 강연을 할 때도 찾아와 주셨고, 참 신기하게도 내가 힘들 때 나에게 도움 되는 자료들이나 요즘 읽고 있는 책들에 대한 간략한 소개도 보내 주셨다. 선배는 나를 만난 이후로 꾸준하게 책을 읽고 있다. 그리고 지금까지의 여행을 조금씩 글로 정리하고 있다. 난 선배가 2년 안에 책을 낼 수 있을 거라고 믿어 의심치 않는다.

우리는 진정한 장점을 외부에서 찾으려 한다. 하지만 자세히 보면 우리 안에서 가장 큰 장점을 발견할 수 있다. 지금 내가 있는 곳을 새로운 시야로 바라보자. 그리고 조금씩 변화시켜 보자. 진정한 탐험은 새로운 땅을 찾는 게 아니라 새로운 시야를 갖는 데 있다.

3. soldier + dreamer (soldeamer)들의 모임

"권 중사님, 잠시 시간 되세요?"

평일 오전 사무실 전화의 내용이었다. 최한별 중사였다. 시간이 되면 잠시 자신의 사무실로 올 수 있냐고 했다. 무슨 일인지 묻지 않고 갔다. 최한별 중사는 조교 출신으로 누구보다 열심히, 밝게 군 생활을 하는 여군이었다.

그리고 장기복무가 확정됐음에도 불구하고, 자신의 꿈을 찾아 과감하게 달려가는 결단력이 있는 멋진 후배였다. 사무실에 도착하니 아니나 다를까, 뭔가 재밌는 얘기를 하기 전에 짓는 개구쟁이 같은 미소를 짓고 있었다. 이번엔 또 어떤 재미난 걸 기획하고 있을까 하는 생각이 들어 내가 먼저 물었다.

"최 중사님, 무슨 일이세요?"

"아, 권 중사님, 다름이 아니고 제가 지금 계획하고 있는 게 있는데요. 권 중사님의 도움이 필요해요."

최한별 중사는 웃으며 얘기했다.

"네, 뭔데요?"

나도 웃으며 답했다.

"권 중사님도 군대에서 뭔가 자기계발을 하시고 꿈을 찾으셨잖아요. 제가 조교를 해서 참 많은 후배들을 알고 있는데요. 정말 대단한 친구들이 많아요. 서산에 있으면서 사진에 관심이 있어 주말에 출사를 나가는 친구, 제대를 하고 쇼핑몰을 준비하는 친구, 항공정비쪽 자격증을 취득해 최연소로 외국항공에 취직하고 싶어 하는 친구, 다들 자신의 꿈을 갖고 있는데 군대 안에서 주위에 꿈을 나눌 사람들이 많이 없어 힘들어하더라구요. 그런 친구들을 한 자리에 모아 자신의 꿈을 자유롭게 나누며 힘 받는 자리를 만들어 보려고 해요."

정말 좋은 생각이었다. 나도 신임하사 때 '댄서'라는 꿈을 꿨었다. 물론 내가 부족했지만 나와 함께 꿈을 공유할 사람이 전혀 없었다는 것도 꿈을 접는 데 적지 않은 영향을 미쳤다. 그렇기에 최한별 중사가 말한, 군대 내에서 다양한 꿈을 꾸는 soldier + dreamer(soldeamer)들의 모임이 나에게도 많은 동기부여를 줄 것 같았다. 내가 느끼기에 상당수의 꿈 많은 초급간부들이나 병사들은 '군대'라는 환경에 지레 포기하거나 겁을 먹고 자신의 꿈을 접기 일쑤였다. 하지만 그 친구들에게 '군인도 충분히 꿈을 갖고 또 이룰 수 있다.' 라는 걸 보여 주고 말해 주고 싶었다. 난 최한별 중사에게 얘기했다.

"제가 무엇을 도와드리면 되죠?"

"첫 번째 강연자가 되어 주세요. 나머지는 제가 다 준비할게요."

최한별 중사와의 대화를 마치고 사무실로 돌아가며 계속 생각했다.

'어떤 식으로 어필을 해야 지금 고민하고 있는 친구들에게 좀 더 와 닿게 얘기할 수 있을까?' 그리고 결론을 내린 게 '편하게 하자.' 였다. 말 그대로 강연이 아니라 진짜 친한 형, 오빠와 동네 카페에서 커피 마시며 수다 떠는 분위기를 만드는 것이다. 그리고 마음을 연 그들에게 스스럼없이 다가가는 것. 이것이 나의 '전략' 이었다.

그래서 강연 전에 간단한 내 춤을 보여 주고 분위기를 부드럽게 만들어야겠다고 생각했다. 그리고 그 다음 주 토요일, 서울 양재동 꿈톡이라는 카페의 대관이 완료되었다. 이제 모객은 나와 최한별 중사의 몫, SNS와 지인에게 열심히 홍보했다. 차려진 밥상이 아니라 직접 차려야 하는 밥상이었기에 좀 더 노력했다. 나를 보고 오는 사람들에게 절대 실망스러운 강연을 하지 않아야겠다는 마음도 강했기에 많은 준비를 했다. 그리고 대망의 강연날, 떨리는 마음을 안고 꿈톡으로 들어갔다. 그러자 멀리서 나를 반갑게 맞아 주는 분이 계셨다.

"야, 이렇게 보게 되네. 반갑다!"

그분은 최한별 중사의 남편인 안진현 선배였다.

나와 같이 공군 중사로 근무하다가 제대를 하고 자신의 꿈을 이루기 위해 열심히 사는 분이었다. SNS로만 봤었는데 실제로 보니까 더 반가웠다. 그렇게 반갑게 인사를 하고 사람들을 기다렸다. 시작시간이 다가오자 점점 사람들이 들어오기 시작했다. 그리고 최 중사가 내 소개를 했다. 내가 인사도 하기 전에 음악이 흘러나왔고, 나는 그 음악에 맞춰 즉흥으로 30초 정도 춤을 췄다. 그러자 사람들이 웃으며 박수를 쳤다. 신나게 그 시간을 즐기는 게 눈에 보였다. 춤을 추고 나서 간단하게 사람들에게 인사했다.

"안녕하세요, 춤추는 군인 권민창입니다."

다시 한 번 박수가 터졌다.

그리고 내 얘기가 시작되었다. 보통 강연을 할 때 행동하는 독서에 대한 얘기를 했지만, 그날은 꿈에 대해 많은 얘기를 했다.

"제 춤 어떠셨나요? 하루 이틀 춘 사람 같지는 않죠? 제가 책을 내고 현역 군인 독서 전문가로 활동을 하고 있지만, 저도 한때는 댄스 강사라는 꿈을 꿨습니다. 첫 근무지가 경기도 성남이었는데, 우연히 스텝업이라는 영화를 보고 나도 춤을 잘 추고 싶다는 생각을 했어요. 누구나 그런 거 있지 않나요? 드럼 치는 장면의 영화를 보면 드럼을 배우고 싶고, 피아노 치는 장면의 영화를 보면 피아노를 치고 싶은 거.(웃음) 그런데 그때 저는 생각에 그치지 않고 무작정 행동으로 옮겼습니다. 부대 근처에 댄스 학원이 있었거든요. 무작정 몸치 탈출반으로 등록했어요. 전 제가 춤을 참 잘출 줄 알았어요. 운동을 열심히 했었고 운동신경에도 자신이 있었거든요. 근데 전혀 아니더라구요. 웨이브를 하는데 3개월이 걸렸어요. 그리고 쓸데없이 동작에 힘이 들어가서 같이 춤추던 사람들이 절 보며 많이 웃었어요. 주눅도 들었지만 그래도 제가 좋아했기에 계속 지속했던 거 같아요. 부대에서는 어땠냐구요? 당연히 좋아하지 않았죠. 토익 공부, 자격증 공부나 하지 웬 춤이냐고……. 제대하신 반장님은 진지하게 절 불러서 '너 그러면 군 생활 힘들어진다. 이미지 좋은데 왜 그러냐?' 라고까지 하셨죠.(웃음) 그런데 이상하게 오기가 생기더라구요. 내가 춤을 추면서 누군가에게 피해를 주는 것도 아닌데 '왜?' 라는 생각을 들었어요. 그래서 개의치 않고 꾸준하게 춤을 췄죠. 그렇게 3개월만에 웨이브를 터득했던 끔찍한 몸치는, 1년이 지나고 2년이 지나면서 발라드에도 안무를 만들 수 있고, 시내에서 공연을 할 수 있을 정도로 실력이 늘었어요. 물론 사정이 있어 지금은 댄스 강사의 꿈을 접은 상태지만, 그때 춤을 췄던 걸 절대 후회하지 않아요. 여러분도 저랑 비슷한 고민을 하실 거예요. 제가 듣기론 사진이나 영상 편집을 취미 이상으로 하시는 분도 계시고, 패션에 탁월한 재능이 있는 분, 스노보드와 웨이크보드를 전문가 수준으로 하시는 분도 계시다고 들었어요. 하지만 같이 취미를 공유할 사람이 없고 주변의 시선을 의식해서 자신이 갖고 있는 꿈이 흔들린다면 절대 그러지 않으셨으면 좋겠어요. 남들에게 피해를 끼치는 게 아니라면 내가 하지 말아야 될 이유는 없잖아요? 여러분의 꿈을 응원합니다. 감사합니다."

내 얘기가 끝나자 우레와 같은 박수가 나왔다. 그리고 그 자리에 있던 사람들이 모두 자신의 꿈을 얘기하기 시작했다. 전 부대에서 가장 특이한 군인들만 모았나 싶을 정도로 다양한 꿈을 가진 사람들이었다. 그리고 그들은 각자의 꿈을 지속할 수 있는 원동력을 얻었고, 이런 자리에서 다양한 꿈을 가진 군인들을 만나 행복하다고 했다. 나도 마찬가지였다.

그들을 통해 몇 년 전의 나를 봤고, 나 또한 다시금 원동력을 얻을 수 있었다. 끝나고 회식자리에서도 서로의 꿈 얘기는 계속되었다. 나는 중간에 원주로 와야 했지만 그들은 분명 많은 걸 얻었으리라 확신한다. 꿈을 지속할 수 있는 가장 좋은 방법은 꿈을 가진 사람들을 만나면 된다. 내가 그랬고, 또 주변의 많은 꿈쟁이들도 그랬다.

이런 자리가 단발성으로 끝나는 것이 아니고, 정기적으로 진행이 되어서 주변에 많은 soldier + dreamer(soldeamer)가 생기고, 또 그들을 지지해 주는 군인들이 많이 생겼으면 좋겠다는 생각을 했다. 그렇게 창의적이고 다양한 사람들이 군대에 많다면, 군대의 문화도 조금은 더 발전할 수 있지 않을까?

4. 5만 명의 군인에게 영향력을 미치다

'민창님, 이것 좀 봐요.'

출근해서 작업을 끝내고 잠시 쉬고 있는데, 유근용 작가에게서 카톡이 왔다. 뭘까 하고 보내 주신 사진을 봤는데, '병영 독서 활성화 지원 사업'이라는 것이었다. '이게 나랑 무슨 상관이지?'라고 생각하며 사진을 내리는데, 편집위원 명단이 있었다. 유근용 작가의 이름이 있기에 '그래, 유근용 작가님은 할 만하시지. 병영 독서에 대해 나한테 뭔가 소스를 얻으려고 연락했구나.'라고 생각하고 밑으로 내리는 순간 나는 소스라치게 놀랐다. 6명의 편집위원 명단에 내가 포함된 것이다. 인터넷 검색을 해 보니 교수, 작가, 언론인 등 다들 '한 끗발' 하시는 분들이었다.

내가 이 명단에 감히 들어갈 수 있는 걸까 하는 생각이 들어 유근용 작가에게 전화해서 물었다.

"유근용 작가님, 제가 왜 명단에 있는 거죠? 대단하신 분들 틈에."

그러자 유근용 작가는 항상 그렇듯 나에게 자신감을 불어넣어 주셨다.

"민창님도 대단해요. 민창님은 이분들과 달리 젊고 현역 군인이라는 장점이 있잖아요. 우리 재밌게 해 보자구요."

유근용 작가와의 통화가 끝난 후 네이버 창에 '병영 독서 활성화 지원 사업'을 입력했다. '사랑의 책 나누기 운동본부'라는 사단법인이 주관하는, 연 30만 명의 청춘이 입대하는 군부대를 대상으로 다양한 독서 프로그램을 통해 장병 간의 소통문화 확산과 함께 병영을 더 큰 기회와 가능성의 공간으로 만들어 가는 아주 바람직한 취지의 사업이었다.

그런데 병영 독서 활성화 지원 사업 슬로건이 내가 정한 두 번째 책의 제목과 같았다. '군대는 스펙이다.' 순간 소름이 돋았다. 그러면서 뭔가 더 강렬한 끌림이 있었고, 꼭 해 보고 싶다는 생각을 했다. 유근용 작가가 보내 주신 자료를 자세히 읽어 보니, 독서 가이드북 3종을 제작하는 게 편찬위원들이 할 일인 듯했다.

1번은 육해공군해병대 신병 30,000명을 대상으로 보급되는 독서 가이드북이었다. 2번은 독서 코칭 프로그램에 참여하는 12,500명의 병사를 대상으로 보급되는 독서 가이드북이었고, 3번은 인문 독서 강좌에 참여하는 군 간부(장교 및 부사관) 5,000명을 대상으로 보급되는 독서 가이드북이었다.

독서 가이드북으로 독서의 중요성과 독서를 해야 하는 이유에 대해 알고 독서를 한다면 군 생활이 훨씬 더 보람차고 의미 있을 것 같았다. 내 목표인 독서를 통한 군 문화 개선과 궤를 같이했고, 많은 간부들뿐만 아니라 병사들이 나처럼 독서를 통해 새 삶을 찾고 꿈을 찾길 바랐기에 열정이 불타올랐다. 며칠 뒤 모르는 번호로 연락이 왔다.

"안녕하세요, 권민창 중사님 되시죠?"

전화를 거신 분은 '사랑의 책 나누기 운동본부' 유승욱 미디어 국장이셨다.

"제가 연락을 늦게 드렸네요. 간단하게 저희 단체에 대해 소개해 드리고, 병영 독서 활성화 지원사업에 대해 말씀드리겠습니다."

그리고 내가 홈페이지에서 먼저 봤던 부분들에 대해 자세하고 친절하게 얘기해 주셨다.

"군복무 2년이라는 시간은 누구에게나 똑같이 주어지지만 시간을 어떻게 사용했는가에 따라 국방을 위해 헌신하는 장병들의 가치는 완전히 달라집니다. 이번 병영 독서 가이드북 편찬위원을 하시며 상당히 의미 있는 경험을 많이 하실 거예요. 참여하실 수 있으시겠죠?"

안 할 이유가 없었다. 간절히 원하면 하늘이 도와준다고 했던가. 항상 입버릇처럼 "독서로 군대 문화를 변화시킬 겁니다." 하고 다

냈는데, 이번 기회가 나에게 날개를 달아 줄 것만 같았다.

편찬위원 공식 회의날짜는 6월 2일(금) 오후 6시였고, 연구원은 그전에 가이드북에 대한 간단한 가이드라인을 고민해왔으면 좋겠다고 얘기하셨다. 가이드북은 써 본 적이 없어서 어떻게 풀어나가야 할지 막막했다. 그래도 뭔가를 참고해서 기존에 있는 틀에서 벗어나지 않는 뻔한 가이드북을 만드는 것보다 새롭고, 참신한 것을 만들고 싶어 나름대로 많은 고민을 했다.

'직접 기록하는 다이어리 형식의 가이드북은 어떨까? 아니면 종이책이 아니고 만화책으로 시작하는 것도 나쁘지 않겠다.'

내가 군부대에서 강연을 하고, 부대 안에서 독서모임을 하면서 가장 많이 느끼는 건, 상당수의 병사들이 독서의 필요성을 체감하지 못하고 있다는 것이었다.

시대가 급변하고 스마트폰에서 나오는 1분 광고 같은 것도 길다고 읽지 않는 시대인데, 활자를 읽으며 사색을 강요하는 것보다 먼저 독서에 대한 재미를 알려주는 게 시급하다고 생각되었다. 독서를 거의 하지 않고 스마트폰을 좋아하는 평범한 20대들에게 재미있게 다가갈 수 있는 방법을 고민해서 기획 제안서를 작성했다.

그리고 떨리는 마음으로 공식 회의를 기다렸다.

'사랑의 책 나누기 운동본부' 는 압구정역 3번 출구에서 멀지 않은 곳에 있었다. 사무실 문을 여니 다들 환한 미소로 맞아 주셨다.

"권 중사님이시죠? 반갑습니다. 유승욱 미디어 국장입니다."

유승욱 미디어 국장 외에도 인터넷 검색으로 알게 된 김수정 교수도 계셨다.

"안녕하세요, 교수님 반갑습니다."

교수님도 웃으며 나에게 인사해 주셨다.

그렇게 한 분 한 분 오셨고, 사정이 있어 못 오신 분을 제외하고 모든 분이 모이게 되었다. 시작에 앞서 3분 정도 되는 사랑의 책 나누기 운동본부 소개 영상을 보게 되었다.

2012년부터 2016년까지 1,460회의 독서 코칭을 진행했고, 올해는 250개 부대에 독서 코칭을 진행할 목표와 책 읽는 장병이 대한민국을 바꾸고 세상을 바꾼다는 본부의 신념이 돋보이는 영상이었다.

"자, 그럼 본격적으로 회의를 시작해 볼까요?"

유승욱 미디어 국장의 진행으로 회의가 진행되었다. 큰 틀 안에서 각자가 생각해온 기획을 서로 나누기 시작했다.

"이미 책을 잘 읽고 있는 친구들에게는 사실 가이드북이 필요 없어요. 그렇다면 우리는 책을 어려워하고 싫어하는 친구들을 대상으로 가이드북을 만들어야 되는 거죠. 장편소설처럼 끝까지 읽지 않으면 흐름을 잃기 쉬운 책보다 시나 에세이처럼 한 장 한 장 간단하게 느낄 수 있는 책들 위주로 시작하면 어떨까요?"

유근용 작가가 의견을 제시하셨다.

“맞습니다. 저도 부대에서 독서모임을 하며 느낀 건데 단기간에 어려운 책을 읽기란 쉽지 않습니다. 제가 〈그리스인 조르바〉나 〈달과 6펜스〉 같은 책들을 진행해봤는데 병사들이 너무 부담스러워하더군요. 물론 인문학이 좋다는 건 모두가 알지만, 좀 더 쉬운 접근이 필요하다는 거죠. 생전 처음 헬스를 하는 사람이 벤치프레스 100kg을 할 수 없듯이, 독서를 처음 접하는 병사들도 인문학을 접하기는 쉽지 않습니다. 그리고 제가 병사 100명을 대상으로 설문조사를 했습니다. 88%가 자신이 지금 고민하는 부분이 꿈과 진로라고 대답했습니다. 그렇다면 꿈과 진로에 관한 책과 그 저자들을 만나서 그 자리에서 바로 컨설팅을 해 주는 건 어떨까요? 실질적으로 도움이 되는 가이드북이나 가점을 주면서 동기부여를 이끌어 주는 것도 괜찮을 거 같습니다.”

나도 유근용 작가의 의견에 동의하며 내 의견을 제시했다.

“권 중사님같이 독서로 변화한 실제 사례 같은 것도 많이 넣으면 좋을 거 같아요. 그리고 틀에 박힌 것 말고 ‘여자친구를 기다리기 힘들 때 읽는 책’ 같은, 병사들이 봤을 때 구미가 당길 만한 장치도 설치해 놓으면 좋을 거 같습니다.”

그 자리에 있는 모든 사람들이 각자의 의견을 존중하며 다양한 의견을 제시했고, 1시간 반이 금방 지나갔다.

“좋은 의견들 감사합니다. 오늘 나온 의견들을 종합해서 제가 가이드북의 초안을 만들겠습니다. 원고가 필요할 때 연락드리겠습니다. 이제 식사하러 가시죠."

유승욱 미디어 국장의 멘트로 첫 회의가 마무리되었다. 식사를 하면서 서로 사는 얘기를 하게 되었다. 다들 정말 내가 존경할만한 인생 선배들이셨다. 함께 하는 것으로도 힘이 나고 감사했다. 책을 통해 정말 좋은 인연들을 만났고, 그들과 함께 5만 명의 군인에게 선한 영향력을 펼칠 수 있게 되었다.

마스다 무네아키의 〈지적자본론〉에서 나오는 츠타야 서점은 보통 우리가 생각하는 서점과 다르게 라이프스타일을 판매한다. 책을 판매하면서 베드 트레이를 판매하거나, 그 책과 함께 들으면 좋은 음악, 연관 있는 영화 DVD 같은 것도 판매한다. 결국 책은 그 안에서 제안서로 활용된다. 판매자의 입장에서 생각하는 것이 아니라 구매자의 입장에서 서점 공간을 재구축했고, 그것이 성공 이유가 되었다. 누군가 꿈꾸는 것이 현실세계에 나타나는 게 이노베이션이라고 하는 마스다 무네아키. 나도 책을 제안서로 활용해, 가이드북을 받아 실제로 활용하는 군인들의 입장에서 생각하고 그들에게 비전을 제시하고 소명을 심어 주어 군대 문화를 변화시켜야겠다고 생각했다.

5. 부대 독서모임 '책있아웃'

"권 중사님, 저도 책을 한 번 읽어 보고 싶습니다."

처음 독서모임을 시작할 때 정환이와 태민이는 병장이었다. 그리고 책과는 담을 쌓고 지내는 친구들이었다. 사람은 자신이 살아오던 생활 패턴을 바꾸기가 쉽지 않다. 1년 반의 군 생활 동안 책을 읽지도 않던 친구들이 내가 변한 모습을 보고 자신들도 독서모임을 하고 싶다고 했다. 그리고 독서모임에 참여하게 되었다.

물론 처음에는 참 어려워했다. 평생 책을 읽지 않던 친구들이니 받아들이기가 쉽지 않았을 것이다. 그래도 한 달에 두 번 모여서 꾸준히 책을 읽으며 각자의 얘기를 하다 보니 점점 정환이와 태민이는 자신의 생각을 정리해서 말하는 능력이 늘고 있었다. 독서모임을 하며 후임들과도 친해지고 마음을 열기 시작했다.

한 달에 2권의 책을 구매해야 했기에 병사 월급으로는 큰 부담이었지만, 그래도 선임인 정환이와 태민이가 아이들을 이끌어 모임이 잘 진행되었다. 내가 출판계약을 한 며칠 뒤 독서모임이었다. 7시 모임장소에 가니 불이 꺼져 있었다. 늦나보다고 생각하고 모임장소의 문을 열였다. 문을 열자마자 아이들이 케이크를 들고 노래를 불렀다.

"출판 축하합니다. 출판 축하합니다. 사랑하는 권 중사님 출판 축하합니다."

그 어두컴컴한 방에 촛불 하나가 내 마음의 불을 켰다. 따뜻한 아이들의 마음이 진심으로 전해져서 눈물이 났다. 그날은 케이크를 커팅하고 사진을 찍고 맛있는 걸 먹으며 독서를 떠나 각자가 하고 싶었던 얘기를 했던 것 같다.

비록 정환이와 태민이는 6개월 남짓 독서모임을 하고 제대를 했지만, 제대를 하고서도 연락이 온다.

"권 중사님, 제가 제대하면 충주에 독서모임을 꼭 만들겠습니다."라고 얘기했던 태민이는 실제로 독서모임을 만들었다고 한다.

아이들이 많이 도와 준 결과 원주 부대 후반기 최우수 동아리로 선정될 수 있었다. 이 밖에도 독서모임으로 소중한 인연이 됐던 컴퓨터를 전공했던 준호, 똑 부러지고 깔끔해 내가 총무로 많이 부려먹은 대일이, 행동은 느려도 생각하는 건 누구보다 창의적인 동준이, 권 중사님처럼 멋진 부사관이 되고 싶다고 말했던, 부사관 준비를 하는 진성이. 무뚝뚝해 보이지만 속은 누구보다 따뜻한 혁진이, 20대 초반의 병사들을 존중해 주고 항상 리더십을 보여 주신 한상주 준위께 이 자리를 빌려 진심으로 감사드린다.

6. 우연히 읽은 책 한 권으로 인생을 변화시킨 선혁이

작업을 마치고 인트라넷을 확인해 보니 장문의 메일이 와 있었다.

'필승! 김선혁 일병입니다. 다름이 아니고 권 중사님이 독서모임 인원을 모을 때 제가 책을 읽어본 적이 없어, 같이 책을 나누는 게 좀 부담이 되어 신청을 하지 않았습니다. 그런데 당직 설 때 권 중사님이 병사들을 존중해 주시는 모습이 너무 멋져 권 중사님 책은 사서 읽어봐야 되겠다고 생각했습니다. 부끄럽지만 이제야 권 중사님의 책을 읽었습니다. 읽고 정말 많은 생각이 들었습니다. 독서를 등한시한 제가 부끄러웠고, 항상 제 환경 탓만 했었는데 권 중사님은 저보다 더한 환경에서도 꾸준히 독서를 하며 삶의 변화를 이루어냈다는 것이 정말 존경스러웠습니다. 저도 앞으로 책을 꾸준히 읽고 많은 사람들과 소통하며 제 꿈에 한 발짝 다가가고 싶습니다. 그리고 독서모임이 궁금해졌습니다. 같은 책을 읽고 다들 어떤 얘기를 하는지 궁금합니다. 다음 독서모임부터 참여하고 싶은데 가도 되겠습니까?'

난 선혁이의 메일을 보고 너무 고마웠다. 누군가가 내 책을 읽고 독서에 관심을 갖고 삶을 변화시키기 위한 첫 발걸음을 뗀다는 것은 참 감사한 일이다.

'선혁아, 당연하지. 이렇게 메일 줘서 너무 고맙다. 이런 메일을 받을 때마다 좀 더 열심히 살아야겠다는 생각이 매번 들어. 책은 가져오지 말고 처음에는 분위기에만 적응하고 사람들이 얘기하는 거 들어도 돼. 다음 주 목요일 7시에 대대에서 보자. 좋은 하루 되고!'

그리고 다음 주 목요일, 선혁이는 책은 갖고 오지 않았지만 공책과 펜을 갖고 왔다. 그때 우리는 홍성태 교수, 김봉진 대표의 〈배민다움〉을 읽고 나눴었다. 배민다움은 '배달의 민족' 탄생과정과 성장 배경, 원동력을 알 수 있는 책이었다. 그렇게 각자의 이야기를 경청하며 선혁이는 노트에 뭔가를 계속 적기 시작했다. 그리고 독서모임이 끝나고 다음 날 나에게 '배민다움' 독서모임에 참여하여 느낀 점을 메일로 보내왔다.

'쉽고, 명확하고, 위트 있게. 본질이 뭔지 알고 싶다면, 특징을 나열하고 응축하라. 창조의 세 요소는 아이디어, 돈, 사람이다. 권 중사님, 이 문장들이 너무 와 닿았습니다. 그리고 우리만의 시각으로 세상을 바라보라는 말을 듣고, 사람들이 생각했을 때의 기준이 아니라 나만의 목소리에 귀를 기울여야겠다고 생각했습니다. 책을 읽지 않았는데도 이렇게 책의 내용이 와 닿을 수 있다면, 책을 읽고 독서모임에 참여하면 훨씬 더 많은 걸 얻을 수 있을 것 같다는 확신이 들었습니다. 2주 뒤에 뵙겠습니다. 다시 한 번 감사합니다.'

첫 모임 때 선혁이는 책을 읽고 왔지만, 자신이 말하고자 하는 바를 정확하게 전달하지는 못했다. 무엇보다 말하는 자체를 쑥스러워 해서 사람의 눈을 마주치지 않고 얘기했다. 하지만 선혁이는 모임에 참여하면서 점점 의사표현능력이 좋아졌고, 지금은 누구와 얘기하더라도 자신 있게 상대방의 눈을 마주보며 자신이 하고자 하는 얘기를 정확하게 전달한다.

그리고 좀 더 많은 후임들과 소통하고 싶다며 '생활관장'을 자처해 정말 모범적인 군 생활을 하고 있다. 우연히 읽은 책 한 권이 사람의 마음가짐을 변화시키고 습관을 변화시켜 결국 인생을 바꿀 수도 있다. 선혁이를 통해 선한 영향력을 받을 많은 병사들의 군 생활과 선혁이의 앞날을 응원한다.

7. 눈치가 없어 고민이었던 필승이

'권 중사님, 저 고민이 하나 있습니다.'

진주 교육을 갔다 와서 메일함을 확인해 보니, 같이 부대 독서모임 '책있아웃' 을 하던 필승이가 2주 전에 나에게 보낸 메일 제목이었다.

'제가 눈치도 없고 분위기도 잘 못 맞춰서 위로는 선임들에게 한소리를 듣고, 후임들은 저를 무시하는 거 같습니다. 제가 어떻게 하면 좋을까요?' 라는 내용이었다. 나는 필승이가 얼마나 많은 고민을 했으면 나에게까지 메일을 보냈을까 하는 생각이 들어 쉽게 지나칠 문제가 아니라고 생각했다. 그래서 필승이에게 메일을 보냈다. 이번 주 독서모임 전에 부대 치킨집에서 같이 치킨이나 먹자고 답을 했더니 필승이는 알겠다고 했다.

약속한 날 필승이와 치킨집에서 만나게 되었다. 치킨을 시키고 필승이에게 말했다.

“필승아, 오죽했으면 나한테 메일을 보냈겠냐. 얼마나 힘들었니? 어떤 부분에서 힘든지 얘기해 줄 수 있어?”

그러자 필승이는 어두운 표정으로 얘기했다.

“네, 권 중사님. 말한 그대로 눈치나 분위기를 맞추는 게 너무 힘듭니다. 저는 사실 입대 전에도 그런 소리를 많이 들었습니다. 부모님도 그렇고 친구들에게도 상황대처 능력이 너무 떨어진다는 얘기를 많이 들었습니다. 그래서 군대에 와서 그런 부분을 고치고 싶었는데, 계속 비슷한 거 같습니다. 후임들은 절 무시하는 것 같고, 선임들은 저를 답답해합니다. 어떻게 해야 될지 잘 모르겠습니다.”

난 잠시 생각을 하고 얘기했다.

“내가 독서모임을 하며 느낀 필승이는 전혀 그렇지 않은데……. 혹시 그런 이미지가 박히게 된 계기나 사건이 있었어?”

필승이도 잠시 뜸을 들이고 얘기했다.

“음, 예를 들자면 취침시간인데 방에서 운동을 한다거나 후임들을 혼낼 때 같은 말을 하며 오랫동안 붙잡아 놓아서 그랬던 것 같습니다.”

“그런 것들을 네 스스로 느낀 거니? 아니면 누가 얘기해 준 거야?”

“친한 맞후임이 한 명 있는데 그가 얘기해 줬습니다.”

“그럼 맞후임이 얘기해 줬을 때 어떤 감정이 들었지?”

“후임이 제 그런 부분에 대해 얘기를 한다는 게 기분이 나빴습니다. 그리고 그 얘기를 하고 나서 한참 동안 맞후임을 혼냈습니다.”

“필승아, 내가 보기에는 고정관념을 깨는 게 가장 큰 문제인 거 같아. 네가 바뀔 수 있는 부분에 대한 조언은 그 사람이 상급자이든 하급자이든 감사하게 여겨야 한다고 생각해. 네가 생각하기엔 주제넘은 짓이라고 생각할 수도 있지만, 바꿔 생각하면 진심으로 너의 단점에 대해 솔직하게 얘기해 주는 건 정말 감사한 인연 아닐까? 나쓰메 소세키의 〈마음 한 번〉을 읽어 보면 좋을 거 같아. 자신에 대해 좀 더 객관적으로 바라볼 수 있고, 깊이 생각해볼 수 있는 책이야.”

필승이는 내 말을 듣더니 많은 걸 느낀 것 같은 표정이었다. 필승이의 말을 들어보니 눈치가 없고 분위기를 못 맞추는 게 문제가 아니고, 필승이는 자신의 단점들을 수용하지 못하는 성격이었다. 하지만 그런 부분에 있어 내가 솔직하게 얘기해 주니, 필승이는 좀 더 적극적인 자세로 받아들이겠다고 말했다.

필승이는 부대 독서모임 책있아웃(책만 있으면 아무리 힘들어도 웃을 수 있다)의 이름을 작명할 만큼 센스 있는 친구였다. 그 친구가 좀 더 자신의 능력을 발휘할 수 있도록 신경 써주는 건 내가 할 몫이었다. 그 후로 필승이는 후임들과의 관계가 훨씬 좋아졌다며 내게 웃으며 말했다. 독서를 통해 누군가에게 긍정적 에너지를 줄 수 있어 행복하다.

8. 군대 최초 독서 전문가를 꿈꾸다

책이 출판되고 한 달 정도 지났을까. 전에 같은 사무실 선임으로 계셨던 공건구 선배가 나를 찾아오셨다. 진지한 표정으로 할 얘기가 있다고 하시기에 조금 긴장하고 휴게실로 갔다.

공 선배는 표정을 풀고 얘기를 하셨다.

"민창아, 내가 어제 네가 쓴 책을 봤는데 정말 감명 깊더라. 고등학교 생활 얘기가 나오고 군 생활에 대한 얘기가 나오는데 감정이입이 제대로 되더라구. 나는 원래 활자를 좋아해서 책을 혼자 읽었었는데 민창이 책을 보고 처음으로 독서모임이란 것에 관심이 생겼어. 그래서 혹시 원주 독서모임에 한 번 참여해 봐도 되겠니?"

처음엔 조금 부담스러웠다. '책을 좋아하는 원주의 모든 사람들은 환영입니다.' 라는 슬로건으로 시작했지만 대부분 30대 이하였고, 또 작년까지만 해도 사무실 선임이었기 때문에 조금 불편할 거 같기도 했다. 하지만 나로 인해 독서에 관심을 갖고 독서모임에 참석하고 싶어 하는 사람에게 불편하고 부담스러운 감정을 느끼는 건 내 가치관과 정반대였다.

그런 부분까지 다 수용하고 그 안에서 또 느끼며 새로운 걸 만드는 게 내가 꿈을 향해 나아갈 수 있는 방법이라고 생각했다. 그렇게 처음 선배가 독서모임에 오셨다.

집에서 직접 달인 차를 가져와서 독서모임에 참여한 사람들에게 일일이 나눠 주며 "젊은 사람들 모임에 제가 껴서 미안해요. 우리 모임장님 책을 읽고 너무 와보고 싶었어요."라고 하셨다. 난 너무 죄송했다. 내가 은연중에 그런 불편한 감정을 드러냈기 때문에 선배가 그런 말을 하신 게 아닐까라는 생각도 들었다. 모든 사람들에게 선한 영향력을 끼치고 독서로 군대 문화를 변화시킨다고 해놓고 이런 사소한 것에 부담스러워한 내가 부끄러웠다.

선배가 오시니 좀 더 다양한 의견개진이 가능했다. 우리 모임의 대부분은 20대였기에 책을 읽고 나누는 대화가 크게 다르지 않았다. 하지만 선배가 참여해 주셔서 우리 입장에서 미처 생각하지 못한 부분을 나눌 수가 있었다. 그날의 독서모임은 어느 때보다 재미있었다.

다음 날 출근해서 선배와 얘기를 했다.

"선배님, 어제 어떠셨습니까? 괜찮으셨습니까?"

선배는 웃으며 말씀하셨다.

"너무 좋던데? 나이 차이도 많이 나는데 내가 부담스럽지 않게 배려해 줘서 정말 좋은 시간 보낼 수 있었어. 너무 고맙다."

"선배님, 전혀 부담 갖지 마시고 언제든지 오십시오. 어제 너무 감사했습니다."

나도 선배께 말씀드렸다. 그 이후로 우리는 급격히 가까워졌다. 항상 인사만 하고 피하려고 했었는데 책 추천도 해드리고 또 읽은 책이 겹치면 각자의 의견을 나누기도 했다. 그렇게 선배는 어느새 독서모임에 빼놓을 수 없는 멤버가 되셨다.

고등학교 때 함께 태권도부를 하며 알게 된 1년 선배가 있었다. 고등학교를 졸업하고 6년 정도 못 보다가 그 선배가 원주로 부대를 옮기면서 친한 선배들과 함께 식사를 하며 보게 되었다. 처음 봤을 때 그 선배는 나와 되게 비슷했다. 군대를 싫어했고, 나가서 뭘 해야 할지 생각하지 않고 제대부터 하려 했었다. 나는 그 선배에게 나도 선배랑 비슷했지만 지금은 생각이 많이 바뀌었다고 얘기했다. 그러자 선배는 내가 무엇 때문에 생각이 바뀌게 됐는지 궁금해 했다. 그래서 난 책을 읽고 사람들을 만나다 보니 명확하게 내가 하고 싶었던 꿈이 생겼다고 얘기했다. 그러자 그 선배는 나도 독서모임에 한 번 가봐야겠다고 말했다.

'그냥 하는 소리겠지.' 생각하고 나도 지나가는 말로 다음 모임

때 한 번 오라고 말씀드렸다. 그런데 집에 도착하니 카톡이 와 있었다.

'민창아, 독서모임 카페 주소 좀 나한테 보내줘.'

주소를 보내고 별 생각 없이 잠에 들었다. 그리고 다음 날 카페에 자유도서모임 댓글을 보니 선배가 참석댓글을 남겼다.

며칠 뒤 자유도서모임을 할 때 선배는 알랭 드 보통의 〈왜 나는 너를 사랑하는가〉라는 책을 들고 왔다. 자유도서모임은 각자가 들고 온 책을 간단히 소개하고, 궁금한 점을 자유롭게 물어보는 시간이었다. 다들 무난하게 자기가 갖고 온 책을 소개하고 선배가 소개할 차례가 되었다.

"저는 이 책을 들고 왔습니다. 이 책은 사랑에 관한 책입니다. 제가 말을 잘 못해서 이해해 주시기 바랍니다. 낭만보다는 현실적인 사랑에 관한 책인 거 같은데……. 음, 이해하기가 좀 어려웠던 거 같습니다. 감사합니다."

긴장한 듯 계속 배어나오는 군대 말투와 어떤 식으로 정리를 해야 할지 몰라서 당황한 듯한 모습이 선배의 첫 번째 독서모임 이미지였다. 사실 그 이후로 선배가 독서모임에 안 나올 줄 알았다. 원래 책을 읽는 사람도 아니었거니와 첫 모임에서 그렇게 긴장을 했기에 부담을 많이 느낄 거 같았다. 하지만 선배는 꾸준히 책을 읽고 한 달에 두 번 모임에 참여했다. 그러면서 책을 요약하고 사람들에게 전달하는 능력이 눈에 띄게 좋아졌다. 예전에는 다나까 대화체로 사람들을 딱딱하게 만들었다면 요즘은 이 책이 어떤 책이고 어떤 사람들이 봤으면 좋겠다는 메시지를 정확하게 전달한다. 더불어 여유도 생겨서 이제는 더 이상 다나까 체는 쓰지 않는다.

"선배, 진짜 많이 좋아지신 거 같아요. 사실 처음에 선배 참여하셨을 때 무슨 말을 하는지 하나도 못 알아들었거든요. 완전 아무 말 대잔치였는데. 그래서 모임 안 나오실 줄 알았어요. 그런데 이렇게 꾸준히 참여하셔서 계속 사람들 앞에서 얘기하시니 이제는 저보다 훨씬 더 말을 잘하시는 것 같아요."

선배는 쑥스럽게 웃으며 "네 덕분에 참 좋은 경험도 많이 한다. 고마워."라고 얘기하셨다. 지금도 그 선배는 독서모임에 열심히 참여하며 뒤에서 조용히 날 응원해 주신다.

"선배, 저도 독서모임 한 번 해 보고 싶어요."

고등학교 때 같이 농구를 했던 학교 2년 후배 영부가 사무실로 찾아왔다.

둘 다 책과는 담을 쌓고 지냈는데 내가 책을 읽고 많이 변화하고 다양한 활동을 하는 걸 보며 자극을 받았는지 자기도 책을 한 번 읽고 사람들과 나눠보고 싶다는 것이었다. 처음엔 영부를 의심했다. 독서 말고 다른 목적이 있어서 오는 게 아닌가라는 생각도 들었다.

그런데 영부는 꾸준히 독서모임에 참여했다. 몇 달 전 지정도서모임에서 영부를 통해 큰 깨달음을 얻은 적이 있었다. 프랑수아즈 사강의 〈브람스를 좋아하세요〉라는 책이었는데, 나는 단순히 어떤 주제로 나눠야겠다고 대충 가이드라인만 짜고 갔다. 그런데 영부는 느낀 점에 대해 얘기를 할 때 "좀 더 책을 재밌게 보기 위해서 브람스가 작곡한 곡들을 듣다 보니, 브람스라는 작곡가의 생애도 궁금하더라구요. 그렇게 브람스라는 사람에 대해 좀 알고 책을 보니 책이 좀 더 잘 느껴졌어요."라고 말했다. 독일 작가이자 실존주의 문학의 선구자인 프란츠 카프카는 '책은 얼어붙은 바다를 깨뜨리는 도끼여야 한다.'라고 얘기했다. 영부야말로 책을 도끼로 삼아, 자신의 바다를 깨뜨리며 진정한 성장을 하고 있는 게 아닌가 하는 생각이 들었다. 호기심으로 시작했던 독서가 생활이 된 영부, 앞으로도 독서가 영부의 바다를 깨뜨리는 도끼가 되었으면 한다.

"필승, 최한별 중사님께 말씀 듣고 연락드렸습니다. 독서모임에 참여할 수 있겠습니까?"

어느 날 근처 사무실에 근무하던 김지호 하사에게 연락이 왔다. 지호는 작업을 하다가 서로 얼굴만 알고 있는 정도였다. 그렇게 지호는 부대 독서모임과 원주 독서모임 모두 다 참여하게 되었다. 지호는 원래 책을 좋아했지만 자기계발서 위주의 독서만 했었다. 그런데 다양한 장르의 책을 읽고 사람들과 나누면서 다양한 시선으로 세상을 바라보게 되었다고 했다. 그리고 바쁜 와중에서도 내 강연을 듣겠다고 주말에 시간을 내서 서울까지 왔다.

강연이 끝난 후 지호는 내게 말했다.

"너무 좋은 강연이었습니다. 저도 가슴에만 품고 있던 꿈을 생각만 하고 행동하지 못했는데, 권 중사님 강연을 들으니 가슴이 막 뛰납니다. 저도 꼭 제 꿈을 이루기 위해 권 중사님처럼 행동하겠습니다."

지금 지호는 제대를 앞두고 자신의 꿈을 이루기 위해 열심히 공부 중이다. 이 자리를 빌려 지호의 앞날을 응원한다.

성남 기지에 근무하는 3년 후배 용범이는 친구 현우의 강연 때 처음 보게 되었다. 내 책을 읽고 감명 받아 성남기지에 독서모임을 하나 만들었다고 했다. 싹싹하고 똑똑한 친구였지만 부대 안에서 사람들과 많이 부딪혀 힘들어하고 있었다. 나도 그런 경험이 있었기에 용범이에게 책을 추천해 주며 내가 그 당시에 어떤 식으로 행동해서 갈등을 해소했는지 얘기해 주었다. 그러자 용범이는 너무 자기 자신만 생각한 거 같다며 상대방의 입장에서 생각해 봐야겠다고 말했다. 같은 부대에 근무하지 않아 자주 보지는 못하더라도 종종 연락할 때마다 용범이가 부쩍 성장했다는 게 느껴진다.

책이 출판되고 각종 매체에 보도가 되며 난 순식간에 부대 안에서 유명인사가 되었다. 「국방일보」 인터뷰 촬영 요청이 오고, 국방FM라디오, 국방TV에 나오기도 했다.

하지만 내가 위에 언급한 사람들처럼 독서로 군대에서 변화된 사례를 보여 주지 않고, 단순히 나를 위한 책을 썼다면 과연 잘 될 수 있었을까? 지금 위에 열거한 사람들은 모두 현역 군인이고, 직간접적으로나마 나에게 독서의 영향을 받은 사람들이다. 군인뿐만 아니라 많은 사람들이 인간관계, 진로, 꿈같은 다양한 문제로 고민하고 있다.

난 이들이 독서를 통해 자신이 고민하는 부분들을 해결할 수 있게 도와주고 싶다. 좀 더 다양하고 많은 사람들에게 내 이야기를 들려주고 그들에게 희망을 주고 동기부여를 하는 것. 이것이 내 삶의 원동력이자 꿈이다.

9. 발전하는 군인, 발군모임

"권 중사, 초급간부 대상으로 독서 강연 한 번 해 줄 수 있어?"

부대에 온 지 얼마 안 된 초급간부 같은 경우에 일주일 정도 부대에 잘 적응할 수 있는 교육을 실시한다. 그 커리큘럼에 독서라는 게 없었는데, 주임원사님께서 내가 독서법 관련 책을 출간했고, 또 독서관련 강연을 하다 보니 초급간부에게 좋은 영향력을 미칠 수 있을 거라고 생각하고 나에게 독서 강연을 부탁하셨다. 적지 않은 강연을 했지만, 내가 방황했던 20대 초반의 그 시간을 겪고 있는 초급간부들 대상으로 내 얘기를 한다면 참 의미 있는 시간이 될 거 같아서 흔쾌히 수락했다. 강연도 피피티를 준비하기보다는 실제로 그 시기를 겪고, 그들이 궁금한 점을 듣고 얘기해 주는 게 도움이 될 거 같아 어떤 부분이 제일 힘들고 고민일지 나름대로 생각했던 것 같다. 그리고 강연 날이 왔다. 주임원사님의 안내를 받아 강연장으로 들어갔다. 자리에 15명 정도가 앉아 있었던 것 같다. 연이은 교육에 표정은 피곤해 보였고 눈에는 빛이 없었다. 주임원사님이 날 간단히 소개해 주시고 강연장을 나가자, 난 그들에게 이렇게 얘기했다.

"안녕하세요? 독서로 군대 문화를 변화시킬 〈권 중사의 독서혁명〉 저자 권민창입니다. 저는 여러분에게 독서가 답이라고 얘기하고 싶지 않습니다. 다만 독서를 하며 제가 어떻게 변했는지, 그리고 독서를 통해 어떤 것을 해냈는지에 대한 얘기를 하려 합니다. 피곤하다면 주무셔도 됩니다. 듣고 궁금한 점이 있으면 중간에 언제든 질문해 주세요."

그리고 내 얘기를 시작했다. 집안형편 때문에 진학했던 고등학교, 원치 않던 군인이라는 직업, 5년간의 방황 그리고 낮아질 대로 낮아진 자존감, 발목 인대파열, 친구의 책 추천, 부자가 되고 싶어서 책을 읽었지만, 어느덧 인생이 된 독서, 달라진 군 생활, 독서모임 그리고 출판, 강연, 진지한 꿈 등 30분 정도 내 얘기를 하다 보니 아무래도 그들과 같은 길을 걸었던, 그리고 같은 시기에 힘들었던 선배의 진심이 느껴져서일까, 그들의 눈에 빛이 돌아오는 것이 느껴졌다.

짧은 내 얘기가 끝나고 그들의 질문이 이어졌다. 내가 꿈을 찾으려면 진지하게 자신이 잘하고, 좋아하는 것을 찾아야 된다고 하자, 민욱이라는 친구는 잘하는 게 없는 데 어떻게 하냐고 얘기했다. 나는 좋아하는 것들로 마인드맵을 그려보고, 그 안에서 계속 뻗어 나가보라고 말했다. 그리고 가장 좋아하는 게 뭔지 물어보자 그는 글쓰기라고 얘기했다. 최근에는 〈나미야 잡화점의 기적〉이라는 책을 읽고 느낀 점을 썼었다고 했다. 그러자 불현듯 나도 독후감을 써서 올렸지만 입상하지 못했던 부대독후감경연대회 대상에 민욱이의 이름이 있던 것이 기억났다. 그리고 그 독후감은 정말 참신하고 따뜻한 느낌을 줬던 기억이 났다.

"부대 독서모임 대상 받은 친구 맞지?"

내가 묻자 민욱이는 쑥스럽다는 표정으로 웃으며 맞다고 대답했다. 독후감경연대회에서 대상받기는 정말 쉽지 않다. 병사 같은 경우 2박3일의 포상휴가를 받을 수 있는 기회이기 때문에 책을 읽지 않던 병사들도 기를 써서 입상하려고 노력한다. 그 많은 참가자들 사이에서 대상이라면 분명 글쓰기를 '잘' 한다고 얘기할 수 있을 정도다.

"민욱아, 대상이면 남들도 잘한다고 인정한 부분이야. 그리고 결정적으로 너도 좋아한다면 그쪽 부분으로 재능을 발전시키는 건 어떨까? 독서사랑이라는 홈페이지에 독후감을 올리면서 너의 파이를 키워나가던지, 책 읽는 공군, 일일 정신교육에 네가 쓴 글을 꾸준히 투고해 봐. 좋은 결과가 있지 않을까?"

그러자 민욱이는 정말 감사하다며 나에게 연신 고개를 숙였다.

2시간 동안 정신없이 질문을 받다가 이런 생각이 들었다. '이 친구들과 함께 프로젝트를 진행하면 정말 재밌겠다.' 이들이 성장하는 것을 도와주고 싶었고, 성장하는 과정을 곁에서 지켜본다면 정말 큰 행복이라는 생각이 들었다. 이름은 단순히 '발전하는 군인'을 줄여서 발군이라고 지었는데, 생각해 보니 '무리 중에 으뜸'이라는 단어도 발군이었다. 그렇게 중의적인 표현으로 이름을 짓고 그 자리에서 즉석으로 멤버를 모았다. 3명이 함께 하고 싶다고 얘기를 했고, 내가 근무하던 중대에서 2명을 추가로 영입해 총 5명의 멤버를 구축했다. 그리고 회칙도 정했다.

동호회 회칙

모임이름	발군拔群 1기(여럿 가운데서 특히 뛰어나다는 뜻) 발전하는 군인 - 중의적 의미
회 비	한 달 2만원
총 무	1기 총무 안승현

- 3개월 동안 정기모임은 월 1회로 한다.
- 매일 성장일기를 쓴다.(짧게라도)
- 한 달에 최소 1권 읽기
- 정기모임은 2주 전에 서로 스케줄을 맞춘다.(불참 시 벌금 2만원, 갑자기 생긴 불가피한 스케줄은 제외)
- 독서를 통해 자기계발을 하며 내적 성장을 이룬다.
- 독서를 했을 시 사진과 함께 느낀 점을 반드시 적는다.
- 3개월 마지막 정기모임은 1박2일 workshop 시행.
- 궁금한 점이나 건의할 사항은 언제든 이 카톡방에 얘기한다.
- 서로에게 책을 추천해 주는 것도 권장한다.
- 기수별 인원은 최대 6명으로 제한한다.
- 첫 모임은 오리엔테이션이고
- 2번째 모임부터 1차 정기모임으로 운영된다.

이렇게 회칙을 정하고 이들에게 책을 선물했다. 한 달에 한 번씩 모이는 게 아쉬웠지만, 이날만큼은 피드백을 주고 또 이 친구들이 어떤 점을 고민하는지 들어주고 조언해 주고 싶었다. 그리고 기수제로 운영하면서 추가로 계속 초급간부들에 대한 지원을 해 주고 싶었다. 처음에는 성장일기에 부정적인 내용을 적던 친구도 있었지만, 계속적으로 피드백을 주고 긍정적인 생각을 유도하니 아무리 힘들고 지쳐도 그 안에서 긍정적인 점을 찾으려고 노력했다. 그리고 알아서 독후감을 쓰고 자신의 삶에 대입해 나에게 어떠하냐고 조언을 구하기도 했다. 그렇게 정기모임을 하고 모임이 아니더라도 주기적인 연락을 하니 나도 뿌듯하고 그 친구들도 점점 긍정적인 마인드를 장착하게 되었다.

하지만 한 달에 한 번씩 만나다 보니, 점점 더 동기부여와 자기계발의 끈이 느슨해지는 걸 느꼈다. 10줄이 넘던 성장일기가 2~3줄이 되고, '피곤했다. 내일은 좀 더 힘내자.' 같은 그저 벌금을 피하기 위한 수단이 되어 버렸고. 나중에는 결국 아무도 채팅창에 성장일기를 쓰지 않았다. 그렇게 되니 나는 대책이 필요했다. 모두 다 만나는 것이 아니라 시간이 되는 한두 명과 함께 밥을 먹으며 그들의 고민을 들어주고 공감했다. 그래도 성장일기 부분은 나아지지 않았다. 동기부여가 필요한 시점이었다. 일요일 저녁 7시에 다 같이 모여서 독서모임을 하기로 했다. 회원들 표정은 첫 모임과는 사뭇 달랐다. 열정에 가득 찼던 처음의 눈빛보다는 억지로

이 자리에 온 듯한 느낌이 들었다. 이대로 독서모임을 진행하면 안 될 거 같다는 생각이 들어 쓴소리를 했다.

"너희가 지금 발군을 하는 이유가 뭐지?"

승현이는 당연하다는 듯이 얘기했다.

"발전하기 위해서입니다."

나는 반문을 했다.

"한 달 전에 우리는 성장일기를 하루도 빼먹지 않고 쓰기로 했어. 자기 전에 3분만 활용해서 하루를 되돌아보는 성장일기를 쓰는 게 어렵진 않지. 하지만 한 달 동안 하루도 빼지 않고 성장일기를 쓴 사람 있어? 주말이면 주말이라 까먹고, 평일이면 일이 힘들다고 까먹고. 너희들이 발군을 처음 시작할 때 그 마음은 어디 갔어? 그 쉬운 성장일기 하나 안 쓰면서 발선하고 싶고 성공하고 싶다고 하는 건 정말 안일한 생각 아닌가?"

회원들은 아무 말도 하지 못했다. 나는 다시 말을 이었다.

"난 모임을 시작하기 전에 나를 귀찮게 하라고 얘기를 했어. 고민되는 부분이나 조언을 구할 거 있으면 개인적으로 연락하라고. 그런데 한 명도 없었어. 그것도 내가 밥을 먹자고 얘기를 하니까 나오는 거고. 이 모임도 내가 억지로 너희들 시간에 맞춰서 잡은 거잖아. 이렇게 수동적인데 어떻게 발전을 하고 성장을 이루겠어? 내가 왜 발군모임을 해야 하는지, 그리고 지금 내가 왜 이 자리에 있는지 곰곰이 생각해 봤으면 좋겠다."

회원들 표정이 심각해졌다.

“자주 만나지 못하고, 딱히 성장일기를 검사하지 않다 보니 저와 타협하기 시작했던 것 같습니다. 권 중사님의 얘기를 들으니 오늘 정말 제 자신이 어떤 생각을 하고 지냈는지, 그리고 어떤 생각을 하고 살 것인지 진지하게 고민해 봐야겠습니다.”

나는 마지막으로 얘기했다.

“내가 이렇게 쓴소리를 하는 이유를 잘 생각해 봤으면 좋겠다. 많이 도와주고 싶고 누구보다 잘 되기를 바라고 있어. 오늘부터라도 다시 한 번 파이팅해 보자.”

독서모임이 끝나고 집으로 가는 길, 성장일기가 다시 올라오기 시작했다.

[발군拔群 1기] 성장일기 : 1

‘드디어 기다리던 독서모임을 했다. 권 중사님에게 쓴소리를 들었다. 원래 약은 쓴 법이다. 확실히 많이 도움이 되는 이야기였고 누가 나에게 이렇게 쓴소리를 해 줄 수 있을까 생각도 들었고, 이런 말을 해 주는 사람이 곁에 있다는 사실에 감사했다. 내 자신을 돌아볼 필요가 있다. 사실 성장일기를 그냥 시켜서 했지 본질을 깨닫지 못했고 마냥 시키는 것만 수동적으로 움직였다. 혼자 자기합리화하며 다른 사람과는 다르다 생각했지만 별반 다를 게 없는 삶이었다. 어제와 똑같은 삶을 살면서 변하고 싶다고 생각하는 건 미친 짓이다. 오늘 독서모임에서 좋은 피드백도 들었고 각자 읽고 온 책들을 소개하고 이야기하면서 독서에 대한 열정에 다시 기름을 부어준 것 같다. 다시 초심으로 돌아와서 시작해야겠다.'

[발군拔群 1기] 성장일기 : 2

'어제와 똑같은 삶을 살면서 노력하지도 않고 잘되길 바라는 건 정신병 초기 증상이라는 말이 나에게 가슴깊이 다가왔다. 항상 잘되길 바라고 어떻게 잘될까 생각은 많은데 실천은 안 했었다. 누구한테 '난 정말 노력했어, 나 스스로 난 열심히 했어' 하고 떳떳하게 말을 할 정도로 한 게 없는 것 같다. 내 스스로가 나를 인정 못하는데 누가 나를 인정하겠는가. 자존감을 높이려면 나 자신을 사랑하고 나를 소중히 여기라고 책에서는 말한다. 맞는 말이다. 책에서는 나 자체로 소중하고 귀한 사람이라고 한다. 하지만 나는 나 자신이 떳떳하게 살 때 자존감이 높아진다고 생각한다. 답은 아는데 노력을 안 해서 자존감이 더 내려간 것 같다. 나 스스로 인정하는 사람이 되어야겠다. 오늘 한 번 더 느끼는 날이었다.'

[발군拔群 1기] 성장일기 : 3

‘벌써 3번째 모임이었다. 내가 왜 발군에 들어왔는지 다시 생각하게 되었다. 남들과 다르기 위해서다. 발군이 되려고 들어왔지만 아무것도 하지 않았다. 하지만 뭐라도 하고 있다는 생각을 하며 위안을 삼았던 것 같다. 아직까지도 수동적으로 하고 있는 것 같아 반성하게 된다. 발군이 단순 독서모임이 아니라 발전을 위해서 함께 노력하고 있는 거였는데, 감사하고 죄송한 마음이다. 오늘 본 글 중에 언제까지 공부만 할 거냐는 글을 봤다. 자기계발도 책을 읽는다고 끝이 아닌 실행으로 옮겨야 내 것이 된다. 실천하자. 말만 하지 말고 생각만 하지 말고.’

[발군拔群 1기] 성장일기 : 4

‘요즘 들어서 발군모임이 너무 형식적이라는 느낌이 들었다. 그래서 말하려던 찰나에 권 중사님이 말해서 역시 다른 사람들도 그렇게 느끼고 있구나 싶었다. 우리 모두 다 목표나 처음 생각했던 것을 잊고 살았던 것은 아닐까라는 생각을 오늘이라도 깨달아서 다행인 거 같다. 다음 주부터는 다시 목표했던 것들을 지켜나가야겠다. 처음 모여서 책 읽은 점을 말할 때와

오늘 말하는 거랑은 차원이 다르게 다들 잘하는 거 같다.'

[발군拔群 1기] 성장일기 : 5

모두의 일기를 읽은 나와 생각이 참 통하는 것 같다. 모두 같은 상황에 있고 비슷한 생각을 하면서 살고 있어 공감이 형성되고 있지 않은가 싶다. 역시 오늘도 독서모임을 하면서 깨닫는 게 많았다. 언제나 우선적으로 느끼는 것은 '아 맞다, 나 열심히 살기로 마음먹었었지!' 라는 잊고 있던 스스로의 다짐이다. '나는 남들과는 달라. 왜냐하면 나는 뭐라도 하려는 생각은 하면서 사는 사람이니까 아무것도 안 하는 사람보다 나은 거야.' 라며 생각하고 사는 나는 오히려 더 멍청하다. 항상 생각으로만 그치고 생각만 하며 살고 있는 그 굴레에서 더 발전하지 못하고 있으니까. 실천을 하는 것도 전략이고 계획이지만, 첫걸음이 습관이 될 때까지 나 스스로 첫 동기를 잊지 않고 유지하는 게 중요한데……. 역시나 동기는 잊고 살지 않았나 싶다. 그래서 항상 동기부여만 받나보다. 기록하는 삶을 살고 읽고 생각을 적는 습관을 들이기 위해 집안 구조를 조금 변경해 보았다. 나는 나를 안다. 어두운 밤이 되면 생각이 깊어지고 정리가 잘 된다. 그 시간을 이용하고 싶다. 머리말에 있는 물건들을 잘 이용해 보고 적은 걸 실천하며 살자. 발군들,

우리 이제는 생각만으로 그치지 맙시다. 다음 모임에는 생각을 공유하고 이룬 것이나 몸에 새긴 습관들은 서로 공유하며 나누어 보면 좋겠어요. 내가 먼저 당당하게 이야기할 수 있도록 나도 열심히 하겠습니다. 발군 화이팅.

그날 이후로 모두들 달라졌다. 나에게 적극적으로 발군모임을 계속했으면 좋겠다고 부탁했고, 내가 아니더라도 자신들끼리 독서모임을 진행해 보겠다고 했다. 형식적인 성장일기가 아닌, 진정으로 자신들이 느끼며 깨달은 성장일기를 적게 되었다. 이뿐만 아니라 함께 책을 읽고 같이 느낄 멘토들도 구하기 시작했다. 그러면서 그들과 함께 새로운 걸 기획하는 선순환이 일어나기 시작했다. 누군가의 강요가 아닌, 자발적인 행동은 엄청난 내적 성장을 이룬다. 작은 행동 하나가 우리의 습관을 바꾸고 인생을 바꾼다. 승현이, 동진이, 도영이, 경렬이, 찬우의 삶을 진심으로 응원한다.

PART 03

내 꿈에 날개를 달아 준 사람들

메모의 힘
인간 플랫폼
농협중앙연수원장
하늘 부대
원주

1. 일독일행 독서법,
〈메모의 힘〉 저자 유근용 작가

원주에 독서모임을 만들어야겠다는 공지를 SNS에 올리자 평소 친하게 지내던 동일이 형의 소개로 '어썸피플'이라는 서울 독서모임을 알게 되었다. 그 형은 새로운 모임을 만들기 전에 어썸피플 독서모임에 한 번 참여해서 어떤 식으로 진행하는지 경험해 보라고 하셨다. 카페에 가입하고 독서모임에 참석하고 떨리는 마음으로 모임 장소에 들어가니 누군가 뒤에서 반가운 목소리로 날 불렀다.

"민창님, 맞으시죠?"

뒤를 돌아보니 운동복을 입은 인상 좋아 보이는 남자분이 날 보며 웃고 있었다.

"반가워요. 전 어썸피플 운영자 유근용입니다."

“아, 반갑습니다. 동일이 형이 얘기하셨던 거 같아요.”

그렇게 간단히 인사를 나누고 독서모임을 진행했다. 어썸피플 독서모임에 대한 간략한 소개와 3조로 나누어 각자가 책을 보고 느낀 점에 대해 말했다. 〈파이브〉라는 자기계발서였는데 모임을 진행해 주시는 분들이 중간에 적절한 질문을 던지며 모임의 윤활유 역할을 하셨고, 끝나기 전 책에 대해 느낀 점을 한 줄로 요약해서 가장 인상 깊은 한 사람을 선정해 책 선물을 했다. 2시간이 정말 짧게 느껴질 만큼 알찬 시간이었다.

“민창 씨, 시간 되시면 커피 한잔하러 가실래요? 우리 모임은 끝나고 또 얘기할 게 많아서 2차로 카페 가서 얘기해요. 아까 얘기 못했으니 커피 한잔하시면 좋을 텐데.”

마침 저녁 약속도 없었고, 나도 독서모임에 대해 팁을 얻고 싶어서 흔쾌히 가겠다고 말씀드렸다.

그때까지만 하더라도 난 유근용 작가가 단순히 독서모임 운영자인 줄로만 알고 있었다. 그런데 책을 어떻게 보게 되었는지, 그리고 독서모임을 어떻게 만들었는지 여쭤보다 보니 〈일독일행 독서법〉이라는 스테디셀러를 집필한 작가셨고, 전국적으로 독서법과 기록법에 대한 강연을 하시는 강사이기도 했다.

나도 그때 당시 책을 읽으며 단순하게 책을 쓰고 싶다는 생각을 했었는데 이렇게 직접 자신만의 독서법으로 책을 쓰시고 강연을 하러 다니시는 분이 내 옆에서 웃으며 얘기하고 있는 게 신기했다.

그리고 그날 원주로 가는 길에 교보문고에 들러 〈일독일행 독서법〉을 구매했고, 원주행 버스 안에서 두 시간 동안 정말 몰입해서 미친 듯이 읽었던 것 같다.

불행한 가정환경, 그리고 방황했던 시절. 하지만 군대에서 읽었던 책을 계기로 인생을 변화시키는 데 성공했고, 독서를 어떻게 하면 삶에 적용할 수 있는지에 대한 자신만의 독서법을 소개하는 책이었다.

한 권의 책을 읽고, 가슴에 남는 한 가지를 행동하면 더 나은 삶을 살 수 있다라는 뜻의 일독일행은 내 가슴 깊숙이 들어왔다. 그날 저녁 카페에서 받은 연락처로 책을 읽고 느낀 점을 간략히 보내드렸다. 그러자 유근용 작가는 엄청 감동하시며 조만간 보자고 하셨다. 그 조만간이 언제가 될지 몰랐기에 그날부터 난 어썸피플에서 유근용 작가가 활동하시는 모습을 계속 주시했다.

유근용 작가의 활동을 주시하려고 카페를 봤지만, 보다 보니 어썸피플은 독서모임만 하는 카페가 아니었다. 글쓰기 교육, 영어공부, 봉사활동 등 사회에 도움이 되는 다양한 활동을 하는 아주 좋은 취지의 카페였다. 마침 며칠 뒤 유근용 작가가 주관하는 주말 봉사 활동 공지가 올라왔고, 나도 참석한다고 댓글을 남겼다. 모임 날이 되어 떨리는 마음으로 서울로 갈 준비를 하는데 유근용 작가에게서 전화가 왔다.

"민창님, 혹시 서울 오셨나요? 다름이 아니고 봉사활동 인원이 부족해서 취소가 될 거 같아서요. 죄송해서 어쩌죠? 아니면 같이 농구나 하실래요?"

그날 카페에서 얘기를 하며 유근용 작가도 농구를 좋아하시는 걸 알았고 나도 둘째가라면 서러울 정도로 농구를 좋아했기에 거절할 이유가 없었다.

"네 좋죠! 몇 시까지 어디로 가면 될까요?"

유근용 작가는 6시까지 반포농구장에서 만나자고 하셨고, 나도 농구화와 옷을 챙겨서 서울행 버스에 몸을 실었다. 우리는 급하게 한 분을 영입해 3:3 농구를 했다. 몇 시간 동안 기분 좋게 땀을 흘리고 유근용 작가와 순대국밥에 맥주 한 잔을 하게 되었다.

"민창님은 뭘 하고 싶으세요?"

"제대를 하고 독서 전문가를 하고 싶습니다. 책으로 사람들을 변화시키고 싶어요."

유근용 작가는 고개를 갸웃거리면서 말씀하셨다.

"제대를 하고요? 혹시 당장 제대해도 될 만큼 안정적인 수입구조를 만들어 놓으셨나요?"

나는 아니라고 말씀드리자 유근용 작가는 다시 말씀하셨다.

"지금 민창님이 책을 읽은 지 얼마 안 되셨고, 책으로 인생이 변화했다고 얘기하지만 사회에 똑똑한 독서 전문가들은 정말 많아요. 그리고 왜 굳이 제대를 해서 한다고 하는 건지 잘 모르겠어요. 군대에서 독서로 누군가를 변화시켜 보셨나요?"

나는 꿀 먹은 벙어리가 될 수밖에 없었다. 유근용 작가는 이어서 얘기하셨다.

"상명하복의 군대에서 한 명도 변화시키지 못하면서 제대해서 사회에 나와 누군가를 바꿀 수 있을까요? 사람의 마음이라는 게 같습니다. 군대부터 변화시켜 보세요. 그리고 제대하셔도 늦지 않아요. 민창님은 아직 젊어요."

한 마디도 반박할 수 없었다. 난 항상 군대에 대해 불평불만이었다. 하지만 정작 내가 군대에서 뭔가를 해 보겠다는 생각은 단 한 번도 하지 않았다. 내가 책을 읽고 변화했다면서, 정작 내가 가장 많은 시간을 보내는 군대에서는 여전히 아웃사이더에 문제아라면 이건 다른 게 아니고 틀린 거라는 생각이 들었다.

유근용 작가와 헤어지고 많은 생각을 하다 보니, 내가 독서로 군대에서 뭔가 할 수 있는 게 있을 거라는 생각이 들었다. 그리고 그 다음 주에 바로 부대에 독서모임을 만들었다. 독서모임을 만들고 진행을 해 보니 생각보다 반응이 너무 좋았다. 그리고 주위 사람들도 긍정적으로 보는 듯했다.

이 좋은 걸 왜 이제야 했을까 하는 아쉬움도 있었지만, 지금이라도 생각을 바꿔서 다행이라는 생각을 했다.

지금 내가 꿈꾸는 '군대 최초의 독서 전문가'의 길도 유근용 작가를 만나지 않았더라면 꿈조차 꾸지 못했을 것이다. 그 이후로도 유근용 작가는 별다른 일이 없어도 자주 연락을 했다. 좋은 강연이 있거나 괜찮은 분이 있으면 소개해 주셨고, 출판 전에는 어떤 식으로 투고를 하면 좋은지, 출판 후에는 어떤 식으로 나를 어필하면 좋은지에 대한 부분을 많이 가르쳐 주셨다.

또 SNS스타인 유근용 작가는 출판하고 나서 많은 시간을 할애해 블로그와 브런치에 내 인터뷰와 책 소개를 해 주셨고 최근에도 내가 만든 '현역 군인 독서 전문가 제안서'를 블로그에 소개해 주셨다. 그뿐만 아니라 강연을 하러 다니시며 주변의 많은 분들께 내 얘기를 해 주셨다.

그러던 어느 날 유근용 작가에게서 전화가 왔다.

"민창님, 뭐하십니까?"

작업을 하고 좀 쉬고 있다고 하자 유근용 작가가 말했다.

"다름이 아니고, 이번 주 토요일에 〈인간 플랫폼의 시대〉 저자인 배명숙 대표님 모시고 강의 들을 건데 꼭 오셨으면 해요. 민창님한테 엄청 도움 될 거예요.'

유근용 작가가 추천하는 강의라 묻지도 따지지도 않고 바로 입금하고 신청했다. 그리고 강의를 듣기 전에 어떤 분인지 알기 위해 〈인간 플랫폼의 시대〉 책을 구매하여 읽었다.

사람 자체가 플랫폼이 되어 각자에게 필요한 사람을 소개해 주고 또 소개를 받는 인간 플랫폼이 되라는 것으로 가슴에 와 닿는 내용이었다.

배명숙 대표의 강의는 정말 좋았다. 피피티를 넘겨가며 정해진 내용을 말하는 게 아니라, 강의를 들으러 온 사람마다 일일이 어떤 일을 하고 있고 무슨 부분이 고민되는지에 대한 부분을 체크하고 필요한 부분에 대한 코칭을 해 주셨다. 강의보다는 진짜 족집게 컨설팅 같았다.

강의가 끝나고 배명숙 대표와 광주 독서모임 북럽 모임장 대국이 형, 나중에 같이 인무도(인간 플랫폼 무조건 도와주기) 멤버로 활동한 보아스북 대표 준호 형 등 좋은 분들을 많이 알게 되었다. 유근용 작가 덕분에 확고한 꿈을 갖게 되었고, 또 다양한 강연과 좋은 분들을 만나며 날개를 달게 되었다. 최근에 아빠가 되어 바쁘지만 행복한 하루하루를 보내고 계신 내 멘토 유근용 작가께 이 자리를 빌려 다시 한 번 감사드린다.

2. 〈인간 플랫폼의 시대〉 저자 배명숙 대표

유근용 작가의 추천으로 배명숙 대표의 강연을 듣게 됐고, 너무 만족했지만 그 자리에서 나를 어필하지는 못했다. 내 책을 드리고 조언을 구하고 싶었는데, 아침에 깜빡하고 집에서 내 책을 챙겨 나오지 못했다. 그렇게 강연이 끝나고 배명숙 대표는 또 다른 일정이 있는지 다음에 보자며 급하게 자리를 떠났다. 좋은 강의를 들었지만 뭔가 계속 아쉽다는 생각이 들었다. 다시 한 번 나를 어필해야 되겠다고 생각하고 유근용 작가에게 전화를 드렸다.

"작가님, 어제 제 얘기를 배명숙 대표님한테 제대로 못 드린 거 같아요. 괜찮으시면 배명숙 대표님 연락처 좀 주실 수 있나요?"

유근용 작가에게 연락처를 받고 어떤 식으로 나를 어필하면 좋을지 계속 고민하다가 카톡을 드렸다. '안녕하십니까, 배명숙 대표님. 지난 주 토요일 어썸피플 강연에서 인사드린 공군 중사 권민창입니다. 저는 독서를 통해 군대 문화를 변화시키고 싶습니다. 대표님은 적재적소에 서로의 니즈를 충족시킬 수 있는 사람을 소개해 주시는 인간 플랫폼이라고 들었습니다. 제가 대표님께 도움이 될는지 모르겠지만, 동기부여와 열정에 불을 붙여 드릴 순 있습니다. 저를 위해 귀한 시간 내주시면 정말 감사하겠습니다.'

몇 시간 뒤에 카톡 답장이 왔다.

'그런 친구였구나. 그래요, 평일에 시간 내서 한 번 찾아와요.'

하지만 나는 평일에 원주에 있었고, 주말에는 대표님이 바쁘셨다. 어떻게 해야 될지 생각하다가 당직근무를 이용해서 다음 날 찾아뵈러 가야겠다고 다짐했다. 그리고 뵙기 전에 친한 병사들과 〈인간 플랫폼의 시대〉 책을 들고 '명숙이 누나, 사랑합니다. 인간 플랫폼의 시대 파이팅!' 을 외치는 짧은 영상을 찍어 보내드렸다.

그만큼 만나 뵙고 가까이 지내고 싶었다. 다행히 반응은 좋았다.

배명숙 대표는 '병사들 억지로 영상 찍게 한 거 아니에요? 노동력 착취 같은데, 그래도 기분은 좋네요, 내일 봐요.' 라고 하셨다.

다음 날 근무오프를 하고 서울로 출발했다. 머리 만질 시간도 없어서 대충 씻고 모자를 쓰고 원주 고속터미널로 가서 서울로 가는 버스를 탔다. 너무 피곤해서 잠시 눈을 감았다 뜨니 서울 고속버스터미널이었다. 지하철을 타고 양재역에 내려서 택시를 타고 배명숙 대표의 사무실을 찾았다. 엘리베이터를 타고 올라가는 짧은 시간 동안 어떻게 하면 뇌리에 남을 수 있게 어필을 할까를 고민했다. 인사는 어떤 식으로 해야 될지, 어떻게 말을 꺼내야 될지 정리가 뒤죽박죽인 상태로 사무실 앞에 도착했다.

벨을 누르자 직원이 나와 안내해 주었다.

"멀리서 오느라 고생하셨네요. 뭐 마실래요?"

어떤 식으로 말해야겠다는 생각들이 다 사라지고 머릿속이 하얘졌다. 그런데 그런 내 모습을 보고 대표님이 먼저 농담도 하고 음료수도 직접 가져다 주셨다. 그러니 조금씩 긴장이 풀어지기 시작하고 내 얘기를 할 수 있었다.

"평일에 어쩌자고 원주에서 나를 보러 왔어요? 상태를 보니 말이 아니구만. 나랑 같네. 나도 어젯밤 샜거든. 우리 오늘 둘 다 상태가 메롱이네요."

나도 웃으며 멋있는 모습으로 뵙고 싶었는데 당직근무를 서고 바로 와서 그러하다고 말씀드렸다. 그리고 책을 드리며 내가 하고 싶었던 얘기를 했다.

"대표님, 일 년에 책을 한 권도 읽지 않던 날라리 군인인 제가 우연한 기회로 책을 읽으며 삶이 변하게 된 이야기를 기록한 책입니다. 사실 제가 대표님을 뵙고 싶었던 것은 독서로 군대 문화를 변화시키고 군인들이 동기부여를 받았으면 하는 마음에 책을 냈는데, 정작 군대는 조용하고 외부에서 강연이 들어옵니다. 돈을 받지 않더라도 군대 강연을 하고 싶어요. 어떻게 어필하면 군대에 저를 알릴 수 있을까요?"

배명숙 대표는 가만히 듣고 있다 말씀하셨다.

"일단 지금 민창 씨는 본인 브랜딩은 되어 있는 상태예요. 독서로 군대 문화를 변화시킨다는 명분도 확실하고. 남자들 중에 군대랑 관련이 없는 사람은 없죠. 20대 여자들은 군대 간 남자친구가 걱정될 거고, 나 같은 엄마들은 군에 보낸 아들이 걱정일 거예요. 결국 대한민국 국민들은 군대와 떼려야 뗄 수가 없어요. 근데 외부에서 보는 군대는 어때요? 답답하다, 융통성이 없다, 2년을 버린다 하는 부정적인 시선이 주를 이뤄요. 군대 간다고 하면 힘내라고 하잖아요. 살아 돌아오라고. 그런데 저는 민창 씨가 그 부분을 변화시킬 수 있다고 믿어요. 군대가 시간을 버리는 곳이 아니라 인생의 진로를 결정하는 좋은 장소, 사회로 나가기 전 꿈을 이룰 수 있는 준비를 하는 교두보가 되는 곳. 그것을 위해 독서로 많은 부분 혁명을 일으킬 수 있는 방법을 찾아야겠죠. 특히 민창 씨의 사례를 통해 일반사병뿐만 아니라 간부, 지휘관 모두 변화를 갖게 만들어 주는 것이 민창 씨의 사명이겠네요. 그렇다면 제안서를 하나 만들어 보세요. 상부에 자신을 어필하는 거죠. 내가 이런 사람인데, 왜 나를 써야 하는지, 지금 군대의 문제점은 무엇인지 어떤 식으로 해결할 것인지 전 후의 차이점은 얼마나 드라마틱한지에 대해 만들면 될 거 같아요. 책을 읽고 인생이 변했다고 했는데, 신분별로 정말 필요한 책들이 있을 거 아니에요. 20대 초반의 병사들과 간부들은 꿈이나 진로 위주의 책을 추천해 주고, 30~50대의 간부들에게는 부동산, 금전관리 그리고 인간관계에 대한 책을 추천해 주는 북 큐레이션을 만들어 보면 좋을 거 같아요. 말 나온 김에 오늘 만들어 봅시다. 오늘 나랑 한 얘기 잘 기억해뒀다가 집에 가서 만들어서 카톡으로 보내 줘요. 피드백해 줄게요. 아, 그리고 생각해 보니 안겸지 대표 한 번 만나 보면 좋을 거 같네. 이 친구가 군대 강연 많이 다녔거든요. 직접 찾아가서 조언을 구하면 좋을 거 같아요."

안겸지 대표

배명숙 대표는 그렇게 얘기하면서 책장에서 안겸지 대표의 책을 꺼내 주셨다.

답답했던 머릿속이 뻥 뚫리는 거 같았다. 지금까지 내가 고민하고 있던 문제들을 한 방에 명쾌하게 정리해 주고 나아갈 방향까지 선정해 주셨다. 그날 나는 원주 가는 버스 안에서 말씀해 주신 부분을 정리했고, 원주에 도착해서 제안서를 만들어 피드백을 받았다.

제안서를 만드니 막연했던 꿈이 좀 더 정리되고 세분되어 보이기 시작했다. 대표님은 늦은 시간임에도 불구하고 정성스러운 피드백을 해 주셨다. 그리고 꼭 안겸지 대표께 연락해 보라고 하셨다. 그날 저녁 안겸지 대표의 책 〈벼랑 끝에 혼자 서라〉를 다 읽었다.

안겸지 대표는 여주에 있는 식당 중에 가장 매출이 높은 횟집 '허수사'의 대표이자, 동기부여 작가였다. 어려운 환경에서도 꿈을 잃지 않고 항상 손님들이 무엇을 좋아하는지 어떤 음식을 맛있어 하는지 알기 위해 노력했기에 지금의 위치에 오른 분이었다. 실제로 만나 뵈면 정말 많은 깨달음을 얻을 수 있을 것 같았다. 처음에 전라남도 여수인 줄 알고 좌절했었는데, 자세히 보니 원주에서 차 타고 40분이면 갈 수 있는 경기도 여주였다. 다음 날 떨리는 목소리로 전화를 드렸다.

"안녕하십니까. 배명숙 대표님 소개로 연락드린 공군 중사 권민창입니다. 어제 배명숙 대표님이 대표님의 책을 추천해 주시고 만나 뵙는 게 좋겠다고 하셔서 어제 대표님 책을 다 읽었습니다. 책의 내용이 너무 공감이 가고 감동적이라서 꼭 한 번 뵙고 싶은데 만나 주시면 감사하겠습니다."

다행히 안겸지 대표는 웃으며 젊은 친구가 열정이 대단하다고 좋아하셨다. 그리고 이틀 뒤 저녁 7시에 '허수사'에서 만나기로 했다.

허수사에 도착하니 6시 반. 흠칫거리며 가게로 들어가니 직원이 방으로 안내해 주셨다.

"식사 안 하셨지요? 대표님은 좀 있다 오실 거예요. 그전에 식사하세요. 밥 차려 드릴게요. 잠시만 기다리세요."

나는 웃으며 감사하다고 말씀드렸다. 밥은 기가 막히게 맛있었다. 괜히 여주 최고의 맛집이 아니구나 하고 생각했다. 그렇게 후식까지 싹 비우고 나니 누군가가 방으로 들어왔다. 안겸지 대표였다.

"반가워요. 여기까지 오느라 고생 많았어요. 어째 밥은 입에 좀 맞던가요?"

나는 웃으며 정말 잘 먹었다고 대답했다. 생각보다 키가 작으셨지만 눈빛과 목소리에서 카리스마가 느껴졌다. 나는 배명숙 대표에게 말했던 대로 안겸지 대표에게도 내 얘기를 들려드렸다.

"젊은 친구가 정말 대단하네. 들어보니 내가 도움을 줄 수 있는 부분이 있을 거 같네요. 그래도 군부대 강연은 좀 많이 했거든. 지금도 연락하고 지내는 지휘관분들도 있어요. 잠시만요. 지금 전화 좀 해봐야겠다."

내 얘기를 듣고 안겸지 대표는 전화를 걸어 간단한 안부를 묻고 내 소개를 해 주셨다.

"다름이 아니고 지금 현역 공군 중사가 절 찾아왔어요. 근데 이 중사님이 정말 대단한 게 책을 출판했습니다. 독서법 책인데 독서로 군 문화를 변화시키고 싶다네요. 사진 보내드릴게요. 한 번 보세요."

그러면서 안겸지 대표는 전화를 끊고 카톡으로 나와 찍은 사진을 보내셨다. 엄청난 행동파였다. 과연 배명숙 대표와 친하게 지낼 만하다는 생각이 들었다. 그리고 나에게 웃으며 말씀하셨다.

"권 중사님 같은 분이 많아져서 군대에 대한 인식이 긍정적으로 변했으면 좋겠어요. 그리고 꿈을 꼭 이룰 수 있을 거라 확신해요. 다음에 또 기회가 되면 뵙죠. 젊은 친구 덕분에 나도 동기부여를 받네. 고마워요. 조심히 가요."

안겸지 대표를 만나고 배명숙 대표에게 바로 연락을 드렸다.

"대표님, 잘 만나고 왔습니다. 너무 좋은 분 소개시켜 주셔서 감사합니다. 그런데 혹시 누나라고 불러도 되겠습니까?"

대표님은 웃으시며 진작 그러지 괜히 대표님이라고 해서 나도 어색했다며 흔쾌히 승낙하셨다.

인간 플랫폼 무조건 도와주기(인무도) 1기

그리고 다음 날 누나로부터 연락이 왔다.

"민창아, 너 이번 주 토요일에 뭐하니? 시간 비울 수 있어?"

다행히 스케줄이 없었고 난 가능하다고 말씀드렸다. 도대체 무엇 때문에 시간을 비우라고 하셨을까 궁금해하는 찰나에 현우에게 연락이 왔다.

"뭐하냐? 너도 혹시 배명숙 대표님한테 연락 왔어?"

나도 신기해하며 말했다.

"마침 궁금했는데, 무슨 일인지 알아?"

"대충 느낌은. 스타트업 관련 고민하는 사람들 모아서 피드백해 주고 서로 도움 줄 수 있는 사람들 모으는 거 같던데?"

현우야 제대를 해서 사업을 할 테니 관련이 있다 쳐도, 난 전혀 관련이 없는데…….

그렇게 토요일 오후 3시, 명숙 누나의 회사에 현우와 함께 도착했다. 도착하니 인상 좋은 형님이 앉아 계셨다. 그 형님은 웃으며 먼저 말을 거셨다. 붙임성이 좋으신 분 같았다.

그렇게 한 명 한 명 오기 시작했고 뻘쭘한 우리 모두를 모아두고 명숙이 누나는 얘기하셨다.

"아직까지 여러분들이 왜 모였고, 무슨 관계가 있는지 잘 모를 거예요. 간단히 설명할게요. 다들 나와는 연관이 있을 거예요. 내 강의를 듣고 개인적으로 연락을 하셨거나, 책을 보고 페이스북 메시지를 보냈거나 나한테 연락하신 분들 중 실제로 다 만나보고 인성이 좋은 친구들 위주로 선택하게 됐습니다. 여러분들은 인무도 1기예요. 인무도란 '인간 플랫폼 무조건 도와주기'의 약자예요. 여기 모인 개개인은 각자 엄청난 강점을 갖고 있어요. 그리고 상대방에게 없는 부분을 도와주며 맞코칭 해 주는 모임입니다. 이제 가족이니까 다들 나이 까고 말 터요."

처음의 어색한 분위기는 온데간데없고 다들 웃으며 인사했다. 그리고 각자 소개를 했다.

“안녕하세요? 저는 인스타그램 마케팅으로 스타를 만들어 주는 브랜드 컨설팅을 하는 28살 박진영입니다.”

진영이가 얘기하자마자 난 딱 감이 왔다. 나도 인스타그램을 주력으로 하고 있었기에 진영이에게 많은 부분 도움을 받을 수 있을 것 같았다.

유근용 작가의 추천으로 명숙누나 강의를 갔을 때, 끝나고 같이 밥을 먹으며 얘기를 했던 준호 형님도 자기소개를 했다.

“안녕하세요? 어제보다 오늘 더 나아지고 싶은 남자. 보아스북 대표 박준호입니다.”

준호 형은 책 요약 서비스를 생각하고 있었고, 마침 스타트업 관련해서 명숙 누나에게 조언을 구하려고 했었다. 준호 형도 ‘책’이라는 콘텐츠로 나와 시너지가 날 수 있을 것 같았다.

이렇게 한 명 한 명 소개가 끝났다. MC, 디자이너, 영상전문가, 여행작가 등 다양한 분야의 다양한 사람들이 모였다. 명숙 누나는 그 자리에서 서로 매칭을 시켜 주기 시작했다.

“준호는 민창이, 현우랑 연계해서 사업 한 번 만들어 봐. 책 요약 서비스만 하지 말고, 작가들을 직접 모셔서 북 콘서트를 해 보는 거야. 여기 지금 작가가 세 분이나 있잖아. 마음껏 활용해.”

“진영이도 마찬가지야. 인스타그램 마케팅을 여기 있는 사람들에게 해서 잘된 사례로 활용하며 CEO나 대표님들한테 어필해. 타깃 층은 뾰족해야 돼.”

"태경이는 지금 일 쉬고 있으니까, 다음 인무도 모임 때 모실 대표님들한테 가서 떡 돌리면서 인무도 어필하자."

어떻게 저렇게 다양한 아이디어가 머릿속에서 나올 수 있는지 신기했다. 괜히 인간 플랫폼이 아니구나 싶었다. 저런 식으로 사람들을 연결해 주고 또 적재적소에 필요한 사람들을 소개시켜 주니 사람들이 알아서 찾고 모여드는구나 하는 생각이 들었다.

6시까지였던 우리 첫 모임은 저녁 12시가 넘어서 끝났다. 분명 서로에게 도움이 되는 것도 맞지만 각자의 인간적인 매력을 느껴서 그랬으리라.

누나도 끝까지 함께 자리하며 좋은 말씀을 많이 해 주셨다. 그 이후로도 인무도는 정기모임 3번 포함 10번 이상 만나며 가족같이 가까운 관계가 되었다. 막연히 책 요약 서비스를 하려고 했던 준호 형은 어엿한 보아스북 대표가 되어 배명숙, 박재현, 유영만, 이랑주 대표님 같은 거물들을 섭외해서 북 토크쇼를 열고 있다.

인스타그램 마케팅으로 남을 실컷 도와주고 그 대가를 받지 않아 우리가 우스갯소리로 '자선사업가'라고 했던 진영이도 이제는 커리큘럼을 만들고 대표님들과 CEO들을 만나며 자신의 사업을 확장 중에 있다. 나도 독서 전문가에 대한 확신과 명숙 누나가 소개해 주신 좋은 인연들로 좀 더 수월하게 내 꿈을 펼쳐나갈 수 있게 되었다. 누나가 없었더라면 나는 첫 책에 만족했을지도 모른다. 군 문화를 바꿔야 한다는 사명감을 계속해서 상기시켜 주셨기에 이렇게 두 번째 책을 쓸 수 있었다.

'너와 같은 곳을 바라보는 사람들과 함께 해라.' 라고 말해 주신, 올해 나에게 가장 큰 영향을 끼친 명숙 누나에게 이 자리를 빌려 진심으로 감사드린다.

3. 농협중앙연수원장 문석근 강사

태어나 초등학교에 입학하기 전까지 난 경상남도 양산이라는 도시에 살았다. 아버지는 베이커리를 하셨고, 어머니는 전업주부를 하시며 나와 동생을 돌봐주셨다. 그때 당시 살던 빌라 옆집에 정말 친하게 지내던 이웃이 있었다. 농협은행에 근무하던 아저씨였는데 아버지에게 '형님' 이라고 불렀던 기억이 어렴풋이 난다.

몇 년 뒤에 내가 초등학교를 부산에서 다니게 되며 우리 집은 부산으로 이사를 갔고, 그 이후로 20년이 넘게 그 아저씨를 보지 못했다. 그리고 27살 12월 말, 내가 독서법 책을 출판하고 막 강연을 시작할 때 즈음 아버지와 통화를 하며 그 아저씨의 성함을 다시 듣게 되었다.

"민창아, 요즘 책 내고 많이 바쁘제?"

"아, 아버지 좀 그렇네요. 책만 내면 다 될 줄 알았는데, 이것저것 신경 쓸 게 많습니다. 강연도 어째해야 될지 모르겠고 막막합니다."

그러자 아버지는 기다렸다는 듯이 말씀하셨다.

"그래, 니가 그런 고민할 거 같았다. 니 양산에 살 때 석근이 삼촌 기억나나?"

"석근이 삼촌요? 누군데요?"

아버지께서 웃으며 말씀하셨다.

"그래, 기억 안 날만도 하지. 20년도 더 됐으니. 아빠 베이커리 할 때 양산빌라 옆집에 살던 아저씨 있다. 농협에 근무하던. 근데 그 아저씨가 지금 농협중앙연수원장이 되어서 강연을 업으로 삼고 연수 온 은행원들이나 신입은행원들 상대로 강연을 하고 있거든. 그래서 아부지가 니 얘기를 살짝 했더니 연락 한 번 달라고 하시더라."

귀가 솔깃했다. 그때 당시 영풍문고에서 저자 강연회를 했을 때 강연 스킬에 대한 부족함을 뼈저리게 깨달았기 때문이다. 앞으로도 지속적으로 강연을 하기 위해선 강연 연습은 필수였는데, 어떻게 해야 되는지 잘 몰라서 소위 말하는 '멘붕'에 빠져 있는 상태였다. 그런데 아버지와 통화를 하며 석근 삼촌의 존재를 알게 됐고, 연락처를 받게 되었다.

내가 고민하고 있는 부분들에 대한 도움을 주실 거 같았다. 아버지와 통화를 끝내고 주신 번호로 바로 전화를 걸었다. 수화기에서 따뜻하고 편안한 목소리가 들렸다.

"그래, 민창아. 반갑다."

삼촌은 이미 아버지에게 내 번호를 받고 내 전화를 기다리고 있었던 것이다. 이미 그렇게 나를 기다리고 있었다는 인상을 주셔서 훨씬 더 편했던 것 같다.

"네, 강사님 잘 지내셨습니까. 저 민창입니다."

"예끼, 욘석아! 강사님이 뭐냐. 딱딱하게. 삼촌이라고 불러."

상대방이 부담스럽지 않게 배려해 주는 모습에 난 20년이 넘는 세월에도 불구하고 어제 본 사람처럼 편하게 대할 수 있었다.

"네, 삼촌 감사해요. 아부지한테 말씀 듣고 진짜 만나 뵙고 싶었어요."

"민창이 니 내 기억이나 나나? 하도 어릴 때라서 잘 모를 거야. 근데 그런 쪼그만 놈이 이렇게 커서 책을 내고 참 대단하다. 민창아, 삼촌이 도울 일이 있을 거 같다. 일단 농협대학교수님들께 니 책을 한 번 읽고 평가를 부탁드릴 거야. 그리고 니 책의 내용이 좋으면 신입사원 필독도서로도 선정할 수 있어. 무엇보다 요즘 강연은 하고 있니?"

고민하고 있던 부분을 먼저 여쭤봐 주셔서 나는 부담 없이 얘기할 수 있었다.

"네, 삼촌. 최근에 강연을 하나 했었고 다음 달에도 두 개가 있습니다. 그런데 보통 강연을 하면 두 시간 정도가 주어지는데, 전제가 길게 강연 해봐도 삼십 분 정도밖에 안 되더라구요. 그리고 강연을 할 때 안 좋은 버릇들이 너무 많습니다. 그래서 삼촌에게 좀 조언을 구하고 싶어요."

"주말에 시간 되면 고양에 한 번 오렴. 이 녀석 얼마나 잘 컸는지도 보고 싶고 삼촌이 강연 같은 부분에 있어서 너한테 팁을 좀 줄 테니."

나도 삼촌을 꼭 뵙고 좋은 말씀을 많이 듣고 싶었다.

"네, 삼촌 제가 뵈러 가겠습니다. 언제쯤 괜찮으신지요?"

그렇게 약속을 잡고 2주 뒤, 삼촌을 뵙게 되었다. 농협대학은 지하철 원흥역에 있었다. 원주에서 고양 가는 버스가 자주 없어 서울 고속버스터미널에서 지하철을 타고 가니 1시간 정도가 더 걸렸다. 그렇게 원흥역에 도착하기 전 삼촌에게 전화를 걸었고, 삼촌은 역으로 마중 나온다고 하셨다. 20년이 지났는데 나를 알아보실까 하는 쓸데없는 고민을 하며 출구로 나가니, 차 한 대가 경적을 울렸다. 돌아보니 카카오톡 프로필 사진에서 봤던 삼촌이 날 보며 미소 짓고 계셨다. 인사를 하고 삼촌의 차에 탑승했다.

차를 타고 농협대학으로 가며 삼촌과 일상적인 대화를 했다. 농협대학에 도착해서 삼촌이 계신 사무실로 들어갔다. 사무실 책상 앞에 '농협중앙연수원장 문석근'이라고 한자로 쓰인 명패가 있었고 새삼스레 삼촌이 참 대단하신 분이라는 걸 느꼈다. 소파에 앉아 삼촌이 말씀하시기 전에 녹음을 좀 해도 괜찮냐고 물어 허락을 받고 삼촌과의 대화를 시작했다.

"그래, 궁금한 거 있으면 무엇이든지 물어봐라."

1. 강연을 잘하는 법
2. 어떻게 내 책을 많은 사람들이 알게 할 수 있는지
3. 동기부여를 받고 성장할 수 있는 사람들이 있는 모임 추천

이렇게 큰 틀에서 3가지를 질문했다.

삼촌이 내게 말씀해 주신 부분을 정리해 보면 다음과 같다.

"강연을 잘하는 방법은 강연을 많이 하고 자신의 강연을 영상으로 찍어 직접 모니터링을 하는 방법이 가장 좋아. 그리고 네가 주로 즐겨 듣는 강연의 강연자 중에 끌리는 사람이 있을 거야. 그 사람의 강연을 복기하면서 최대한 비슷하게 흉내 내려고 해 봐. 제스처나 어투 같은 부분을. 그러면 그런 부분들도 굉장히 많은 도움이 된다. 아이스 브레이킹도 필수야. 대부분의 청중은 강연을 시작하기 전에 굳어 있어. 그렇다면 강의를 몇 번 안 해 본 강사는 같이 긴장해서 굳어 버려. 간단한 가위바위보나 퀴즈를 내고 선물을 주면 곧바로 강연을 시작하는 것보다 훨씬 좋아. 그리고 네가 말한 책을 빨리 알리는 법, 나를 어떻게 브랜딩하는 법에 대해서는 삼촌 생각을 얘기해 줄게. 빨리 올라가면 빨리 떨어진다.

10년 전, 삼촌의 세 번째 책인 〈백만불짜리 웃음〉은 5만 부가 판매됐어. 그때 정말 많은 방송국에서 삼촌한테 연락이 왔다. 우연한 기회로 공중파 프로그램에 나갈 수 있는 기회가 있었는데, 마침 그때 베이징 올림픽 특별 방송이 잡혀서 삼촌이 밀리게 됐어. 그러면서 그 후로는 연락이 오지 않았어. 그때 당시엔 좀 아쉬운 거 같았는데, 시간이 지나고 보니 오히려 그렇게 된 게 정말 잘되었다는 생각이 들더라고. 만약 삼촌이 그때 공중파에 나갔더라면 지금처럼 내실을 다질 기회가 없다는 생각이 들어. 대중들은 자극적인 것을 원하지만 그게 끝나고 나면 그 사람의 내실을 칼같이 꿰뚫어.

지금 민창이 네가 20대, 군인이라는 직업에서 책을 한 권 낸 건 당연히 이슈가 될 만하지. 하지만 그 후로는? 과연 내가 그런 걸 감당할 만한 내공을 가진 사람인지 생각해 보는 게 좋아. 삼촌은 너한테 지름길을 알려줄 수 있지만, 추천하고 싶지는 않다. 네가 책 한 권 쓰고 말 게 아니라면 앞으로 5~10년을 내다보고 너의 꿈과 목표를 위해 천천히, 그리고 꾸준히 걸어갔으면 좋겠다."

삼촌의 말은 나에게 많은 울림을 줬다. 20대의 열정과 패기도 중요하지만 제일 중요한 건 결국 내실이라는 말이었다. 그리고 마지막 질문에 대해서는 이렇게 얘기하셨다.

"한국능률협회나 한국생산성본부에서 한 달에 한 번씩 열리는 조찬회가 있어. 평일 새벽 6시 40분에 시작하는데도 불구하고 800석이 꽉 찬다. 그 사람들이 지금 우리나라를 이끌고 미래에도 이끌 사람들이니 분위기를 느끼러 한 번 갔다 와라."

그렇게 삼촌과의 대화가 끝나고 함께 식사를 했다. 돌아오는 지하철에서 한국능률협회와 생산성본부를 검색했다. 찾아보니 정말 조찬회라는 것이 있었다. 그런데 비용이 20만원이었다. 조금 부담이 되는 금액이었지만, 20만원으로 시대의 트렌드를 알 수 있다면 기꺼이 지불해야겠다는 생각을 했다. 그리고 거기에 있는 담당자 번호로 전화를 해서 다짜고짜 접수를 했다.

"안녕하세요? 전 원주 부대에 근무하는 공군 중사 권민창입니다. 농협대학 원장님께 추천을 받아 이런 좋은 모임이 있다는 것을 알게 됐습니다. 혹시 저도 참여 가능한가요?"

담당자는 웃으며 가능하다고 했다. 그렇게 3월 조찬회에 처음 참여할 수 있었다. 조찬회는 용산 하얏트 호텔에서 새벽 6시 40분에 시작이었다. 휴가를 쓰고 새벽 4시에 일어나 씻고 옷을 차려입고 원주에서 출발했다. 도착하니 6시 20분. 연회장은 평일 새벽임에도 불구하고 너무 많은 사람들이 와 있었다. 다들 검정색 정장을 입고 계셨고, 정장을 입지 않은 나는 뭔가 혼자 들어가기가 너무 부끄러워서 혹시나 하는 마음에 삼촌에게 연락을 했다. 삼촌은 마침 지금 들어가려고 했다며 나에게 같이 앉자고 하셨다. 삼촌과 그렇게 같이 연회장으로 들어갔다.

"민창아, 진짜 왔네."

삼촌이 웃으며 나에게 말씀하셨고, 나도 멋쩍게 웃었다.

6시 40분부터 7시까지는 조식시간이었다. 10명이 앉을 수 있는 테이블이 80개가 있었고 조식을 먹으며 옆자리 사람과 간단한 인사를 했다. 옆에 계시던 나이 지긋해 보이시는 분이 나에게 명함을 건네며 말했다. '반갑습니다, OOO입니다.' 명함을 보니 공기업 수도권 본부장이셨다. 그리고 맞은편에 계신 분도 증권회사 본부장이셨다. 명함을 들고 오지 않았지만, 있어도 내 명함을 드릴 수가 있었을까 하는 생각이 들었다.

7시부터 '세종대왕의 리더십' 이라는 주제로 건국대 역사학과 교수의 강연이 있었고, 4차 산업혁명이라는 주제로 LG수석연구원의 강연이 있었다. 그렇게 9시까지의 강연이 끝나고 삼촌과 인사를 하고 원주로 출발했다. 조찬회에 가서 느낀 점은 저렇게 나이 지긋하신 분들이 젊은이들보다 더한 열정으로 배움을 갈구한다는 생각이 들었다.

'성공한 사람들은 항상 남들보다 한 발 더 나아가고, 조금 더 발전하기 위해 기회들을 찾아다니는구나.' 나도 나름대로 열심히 산다고 생각했는데 그게 아니었다. 나도 끊임없이 발전하고 성장해야겠다는 생각이 들었다.

"민창아, 내면적으로나 외면적으로나 훌륭한 사람이 되길 바란다."

강연뿐만 아니라 인생전반적인 부분에 대해 가르쳐 주신 문석근 강사께 이 자리를 빌려 정말 감사드린다.

4. 하늘 부대 대대장 문제진 중령

여느 날과 같이 작업을 하고 사무실에 들어오니 갑자기 전화벨이 울렸다. 모르는 번호라서 받을까 말까 고민하다가 받았다.

"아, 권 작가님 되십니까?"

"네, 그런데 누구시죠?"

상대방은 웃으며 얘기했다.

"아, 네 전 하늘 부대 문 중령이라고 합니다."

'자, 잠시만…… 중령이라고?' 중령이 나한테 무슨 일로 연락을 했는지 가늠할 수 없었다. 일단 인사를 했다.

"필승! 네, 문 중령님 어쩐 일로 저한테 연락을 주셨습니까?"

"아, 다름이 아니고 권 작가님의 책을 우리 부대 병사 한 명이 읽고 있더라고요. 무슨 책인가 해서 잠시 봤는데, 아니 직업군인, 그것도 공군 중사가 쓴 독서법 책이라 너무 흥미가 갔어요. 어떻게 책을 쓸 생각을 하셨나요?"

"아, 책으로 제 인생이 변했는데, 정작 저는 학력이 좋은 것도, 외국어를 유창하게 구사하지도, 업무에 관련된 자격증이 있는 것도 아니었습니다. 그렇기 때문에 제가 '책을 읽으세요, 당신의 인생이 변합니다.' 라는 말을 했을 때, 누군가 '당신은 뭐가 변했다는 건데요?' 라고 하면 할 말이 없었습니다. 그렇기에 좀 더 제 말에 힘을 실어 줄 수 있는 출판을 결심하게 된 겁니다."

호탕하게 웃으시며 문 중령이 말씀하셨다.

"그렇군요. 저희가 찾던 인재네요. 권 중사님, 부탁이 있어요. 저희 부대 병사들이 참 책을 안 읽습니다. 책을 읽게 하고 싶은데, 어떻게 하면 좋을까 생각하다가 군 생활을 하며 책을 읽고 인생이 변한, 그것도 독서법 책을 쓴 권 중사님을 초청해서 강연을 한다면 병사들에게 큰 동기부여가 될 것 같습니다. 혹시 한 번 오실 수 있는지요?"

수화기 너머로 들려오는 중령님의 목소리는 참 편안하고 따뜻했다. 문 중령님은 진정으로 부하들을 위하는 지휘관이었다. 계급이 훨씬 낮은 나에게도 끝까지 존대를 해 주시고, 명령이 아닌 부탁을 하셨다. 문 중령님 같은 분의 부탁이라면 제주도까지라도 내려갈 수 있을 것 같았다. 난 한 치의 망설임도 없이 대답했다.

"초청해 주셔서 정말 감사하고 영광입니다. 최선을 다해 강의 준비를 하겠습니다."

문 중령님은 내게 정말 감사하다고 말씀하시며, 차량을 지원해 줄 테니 차편은 걱정 말라고 하셨다. 다시 한 번 신경 써주셔서 감사하다고 말씀드렸다.

'책의 힘은 정말 위대하다.' 전화를 끊고 든 생각이었다. 내가 책만 읽었다면, 행동하지 않았더라면, 책을 쓰지 않았더라면, 과연 문 중령님과 내가 이렇게 연락을 할 수 있었을까? 그냥 지휘관과 부하의 관계로 남았을 것이다. 하지만 책을 읽으며 간절한 꿈이 생겼고, 그 꿈을 그리며 책을 쓰고 출판했기에 이렇게 가슴 떨리는 경험도 할 수 있었다. 문 중령님이 진두지휘한 내 군대 첫 강연은 일사천리로 진행이 되었다. 우리 측에서도 흔쾌히 허락을 했고, 그렇게 강연날이 밝았다. 오전 10시에 전날 약속한 스타렉스가 집 근처 맥도날드로 왔다. 운전자는 병장이었고, 옆에 동승자는 중사였는데 부대로 가며 이런저런 얘기를 많이 했다.

하늘 부대에 도착했다. 문 중령님께 인사를 드리려고 방문을 노크하니, 정말 인상 좋은 분이 웃으며 날 맞아 주셨다.

"오! 권 작가님 어서 와요. 실물이 훨씬 잘생겼네. 여기 앉아요. 어떤 차 마실래요?"

그리고 직접 차를 내어주셨다. 옆에는 소령, 대위님들이 앉아 있었다. 평소 같았으면 참 피하고 싶은 분위기였을 텐데, 그날은 참 재밌었다. 하늘 부대는 공군과 육군이 함께 생활하는 곳이었다. 그래서 문 중령님은 공군이시지만 밑의 소령님은 육군이셨고, 또 밑의 대위님은 공군이었다. 부대에 대한 설명을 해 주시며 문 중령님은 내 어색함을 풀어 주셨고, 난 그 편안한 분위기에 이내 적응했다. 그렇게 서로의 이야기를 하다가 갑자기 문 중령님이 내 책을 꺼내셨다.

"아! 내 정신 좀 봐. 작가님한테 사인 받아야 되는데."

그러자 옆에 있던 대위 두 분도 내 책을 꺼내셨다.

"권 중사님, 제가 권 중사님 팬입니다. 사인 좀 해 주십시오."

얼떨결에 사인을 해드렸다. 그리고 감사하다는 말씀을 드렸다. 그러니 그분들이 손사래를 치며 말씀하셨다.

"아닙니다! 저희가 감사합니다. 이렇게 좋은 책 써주셔서 감사합니다. 권 중사님이 바라시는 대로 군대 최초의 독서 전문가 꼭 이루시길 바라고, 그 역사가 저희 부대에서부터 시작하길 바랍니다."

어색하던 분위기는 그렇게 30분 만에 사라지고, 서로가 각자의 꿈을 그리고 미래를 응원해 주는 훈훈한 분위기 속에 어느덧 강연시간이 되었다. 심호흡을 하고 강연장으로 들어갔다. 강연장은 생각보다 컸고, 인원은 100명 가까이 되어 보였다. 자신이 오고 싶어서 오는 외부 강연과는 달리, 군내부 강연은 스케줄을 잡았으면 보통 필참을 해야 되기 때문에 듣고 싶지 않는 교육을 억지로 들어야 하는 병사들과 간부들도 있었다. 나도 물론 그랬고. 하지만 그날만큼은 예외이길 바랬다. 내가 강연하는 데 다 자고 있으면 정말 의욕이 떨어질 것 같았다.

전날의 당당한 나는 어디 가고 갑자기 쥐구멍에 숨고 싶었다. 하지만 뭔가 보이지 않는 힘이 나를 이끌었던 것 같다. 전혀 긴장하지 않은 척, 당당하게 단상에 올라갔다.

사회자의 소개가 있었다.

“오늘은 독서로 인생이 달라진 한 직업군인의 이야기입니다. 〈권 중사의 독서혁명〉 저자 권민창 중사님을 박수로 모시겠습니다.”

“반갑습니다. 독서로 군대 문화를 변화시킬 〈권 중사의 독서혁명〉 저자 공군 중사 권민창입니다. 일단 저를 위해 하늘 부대에서 원주로, 또 원주에서 하늘 부대로 와주신 강건모 병장과 장재훈 중사님 감사합니다. 그리고 이 자리를 만들어 주신 문제진 중령님께도 감사드립니다. 전 이 시간에 여러분께 책을 읽어라, 인생이 달라진다! 라고 얘기하고 싶지 않습니다. 다만 군 생활을 하며 저렇게 책을 읽고, 삶에 적용하는 사람이 있구나. 나도 책을 한 번 읽어 보고 싶다는 생각을 하는 사람이 단 한 명이라도 있다면 저는 그걸로 만족합니다. 그럼 날라리 군인을 독서 전도사로 변화시킨 독서의 힘, 시작하겠습니다.”

그리고 강연을 시작했다. 군대에 불평불만이 많고 꿈 없던 내가 독서를 통해 180도 변했다는 얘기를 진솔하게 풀어놓자 강연을 듣던 사람들의 눈빛이 달라졌다. 대학교수나 그 분야의 전문가가 아닌, 실제 20대 후반의 젊은 직업군인이 독서를 통해 달라졌다는 게 꽤나 흥미가 있었나 보다. 어느덧 40분이 지났고, 준비된 PPT의 마지막 장이 펼쳐졌다.

"제가 가장 좋아하는 명언입니다. 프랑스 작가인 마르셀 프루스트의 말인데요. '진정한 탐험은 새로운 땅을 찾는 게 아니라 새로운 시야를 찾는 데 있다.' 고 합니다. 군대가 정말 싫었고, 제대를 하려 했던 저는 새로운 땅을 찾으려 했습니다. 하지만 제대를 하고 새로운 땅을 찾는다고 하더라도 제 안에 있던 본질적인 문제가 해결됐을 거 같진 않습니다. 하지만 독서를 통해 군대 최초 독서 전문가라는 꿈을 가졌고, 새로운 시야로 군대를 바라보게 됐습니다. 그러니 그렇게 싫었던 군대가 참 달라 보이더라구요. 여러분은 어떻습니까? 선후임과의 관계 그리고 힘든 업무, 턱없이 부족한 나만의 시간. 하지만 누군가는 모든 것을 즐겁게 감당하며 2년을 알차게 보냅니다. 여러분들도 그 누군가가 되시길 진심으로 바랍니다."

떨리는 목소리로 강연을 끝냈다. 반갑습니다 하고 끝맺음 인사를 할 정도로 긴장을 많이 했었다. 하지만 끝나자마자 우레와 같은 박수가 터져 나왔다. 그리고 질문이 쏟아졌다. 책에 대해, 인생에 대해, 정신없을 정도로 많은 질문들. 이례적으로 강연 시간보다 더 긴 질의응답 시간이었다. 그리고 또다시 우레와 같은 박수. 그렇게 얼떨떨하게 단상을 내려갔고, 다시 정신없이 대대장실로 들어갔다. 문 중령님은 웃으며 말하셨다.

"권 중사님, 참 감사합니다. 보통 외부 강사가 와서 강연을 하면 거의 다 자기 일쑤고, 강연 끝나고 질문할 시간에도 꿀 먹은 벙어리처럼 있거든요. 근데 권 중사님의 강연은 진짜 처음으로 한 명도 자지 않았어요. 그리고 참 놀란 게 열정적으로 질문하는 병사들과 간부들의 모습이었습니다. 그만큼 전달력이 있고 흡입력 있는 강연이었어요. 제가 권 중사님한테 하나 약속드릴게요. 권 중사님의 책을 지휘관들께 선물로 드리겠습니다. 다음에 원주 근처에 있는 부대에도 강연하러 가주시면 감사하겠습니다."

나도 고개를 숙이며 말씀드렸다.

"중령님 덕분에 정말 좋은 경험하고 갑니다. 평택의 좋은 추억 잊지 않겠습니다. 또 불러 주시면 언제든지 기쁜 마음으로 달려가겠습니다."

그리고 기념 촬영을 하고, 원주로 돌아갔다. 그 이후에 원주 육군부대에서도 강연을 했었다. 이때는 내 책을 선물 받은 병사가 제대를 하고 꼭 찾아뵙겠다고 사인을 받고 돌아갔었다. 누군가를 변화시키고, 또 그에 따른 감명을 받는 것. 누군가의 변화를 지켜보는 것. 참 뿌듯하고 자랑스러운 일이다.

그 이후로도 문 중령님과는 계속 연락을 하고 지내고 있다. 강연이 끝나고 피드백을 부탁해도 되냐고 부탁드리자, 그날 저녁 모든 병사들의 의견을 모아서 나에게 직접 문자로 보내주셨다. 그리고

"권 중사님, 항상 SNS로 잘 보고 있습니다. 꼭 꿈을 이루시길 기원합니다."라고 말씀해 주셨다. 문 중령은 남을 높이면서 자신도 덩달아 높아지는 멋진 지휘관이셨다. 만약 그때 문 중령의 전화가 오지 않았더라면, 나는 군 강연을 한 번도 하지 않은 현역 군인 독서 전문가였을 것이다. 온화한 미소와 푸근한 인상만큼이나 따뜻하고 크신 문 중령께 이 자리를 빌려 감사드린다.

5. 원주 독서모임 '책으로 말하다' 사람들

'한 권의 책을 열 명이 나누는 것이 열 권의 책을 한 명이 읽는 것보다 낫다.'

혼자 읽는 독서에 대한 한계를 느끼고 있었던 찰나, 우연히 본 책에서 이런 구절이 있었다. 그리고 난 독서모임을 만들기로 결심했다. 내가 독서를 멀리하고 살았기에 처음에 사람을 모으는 게 정말 힘들었다. 페이스북이나 인스타그램, 블로그에 광고를 했지만 연락이 오는 사람이 한 명도 없었다. 그래서 원주에 사는 지인들에게 연락을 돌렸다.

"규군아, 형이 끝나고 맛있는 거 사줄게. 독서모임 한 번 해 보자."

"남국아, 끝나고 치맥 사줄게, 같이 독서모임 해 보자."

이렇게 우여곡절 끝에 반강제로 사람을 모았다. 독서모임 할 장소를 찾는 것도 일이었다. 우여곡절 끝에 스터디룸을 예약하고 첫 독서모임을 진행했다. 첫 독서모임은 책을 읽고 만나지도 않았다. 네이버웹툰에 '우바우(우리가 바라는 우리)' 라는 만화로 진행했다.

인생에 대해 현실적으로 풍자한 5컷 정도 되는 만화라 그 자리에서 만화를 보고 각자의 인생관을 나눌 수 있었다. 그렇게 나를 포함하여 7명이 첫 독서모임을 시작했다.

'첫 모임인데 7명이면 괜찮네.' 라는 생각했지만 이 인원이 앞으로도 지속될 수 있을까라는 불안감도 들었다. 불안은 현실이 되었다. 처음에 참여했던 지인 중 단 2명만 다음 모임에 참석한 것이다. 2주에 한 번 책을 읽는 게 힘들겠다라는 생각은 했지만, 막상 7명에서 3명이 되니까 뭔가 막막하기도 하고 진행할 힘도 나지 않았다. 그래도 한 권의 책을 다양한 시선으로 보다 보니, 혼자 독서할 때보다 훨씬 좋았다. 미처 내가 생각하지 못한 부분에 대해서도 한 번 더 곱씹게 되고, 그렇게 책을 좀 더 나에게 체화시킬 수 있었다. 그 후로는 인원수에 신경 쓰지 말고, 처음 독서모임을 만들 때 그 마음가짐처럼 책에 대해 나눌 수 있는 자리만 있으면 감사하자고 생각했다.

그렇게 2명이 모이든 3명이 모이든 꾸준히 독서모임을 하고 후기와 사진을 SNS에 올리니 조금씩 반응이 오기 시작했다.

'독서모임하고 싶은데 어디로 연락을 드려야 되는지요?' '독서모임은 언제 하나요?'

그렇게 한 명 한 명 모이면서 1년도 안 되어 평일에 모임을 해도 12명씩 모이는 원주에서 가장 큰 독서모임이 되었다. 처음에는 일일이 사람들을 다 만나면서 미팅을 했었다. 내가 감히 사람들을 평가할 수는 없지만, 아무래도 정말 책에 관심 있는 사람들이 왔으면 좋겠다는 마음에 그렇게 일일이 다 만나봤던 것 같다. 지금은 모임이 너무 커져서 그렇게 하지 못하지만 그때 미팅을 하며 독서모임에 참여했던 분들은 지금까지 꾸준히 독서모임을 찾아 주신다.

반 년 정도는 나 혼자 장소를 알아보고, 카페를 만들어 참석여부 글과 후기를 올리고 하다 보니 힘에 부쳤다. 사람이 적을 때는 상관이 없었는데 많아지니 점점 신경 써야 할 것도 많았다. 그 당시 원주 독서모임에서 가깝게 지내던 용인에게 내 고민을 말했다.

용인이는 독서모임 초창기 멤버였다. 꾸준히 나에게 좋은 말도 많이 해 주고 긍정적인 에너지를 주는 친구라 고민이 있을 때마다 용인이와 많은 대화를 했던 것 같다.

"용인아, 모임이 좀 커지다 보니 일일이 사람들 만나는 것도 힘들고 내가 다 신경 쓰는 것도 너무 힘드네. 어떻게 해야 될까?"

그때 용인이는 내게 이렇게 얘기했다.

"진작 말하지. 네가 혼자 그런 고민을 하고 있었는데 알아채지 못해서 미안하네. 모임에 꾸준히 나오면서 괜찮은 사람들 많잖아. 3~4명을 모아서 운영진으로 만들자. 그리고 각자에게 역할을 주는 거야. 한 명은 출석 관리. 한 명은 지정 도서 관리, 후기 관리

같은 식으로 말이야. 그리고 독서모임에서 끝나는 것이 아니라 다양한 활동을 하면 좋을 거 같은데? 김유정 작가의 책을 읽고 같이 김유정 역 나들이를 간다던가, 행복에 대한 영상을 보고 각자 생각하는 행복이란 무엇인가 나누는 그런 활동들 말이야. 혼자 끙끙 앓지 말고 같이 고민해 보자."

나는 용인이가 그런 말을 해 주는 게 너무 고마웠다. 나 혼자 짊어져야 하는 짐이라고 생각했는데 함께 고민하고 발전할 수 있는 사람들을 만났다. 그렇게 용인이 포함 4명에게 운영진을 함께 해 줄 수 있냐고 제안했고, 다행히 모두가 흔쾌히 수락했다. 그렇게 며칠 뒤 우리는 모여서 모임 전반에 관한 얘기를 할 수 있었고, 각자의 역할을 분담했다. 이 밖에 모임이 발전할 수 있는 많은 아이디어가 나왔다. 우리 모임 같은 경우에는 한 달에 4번(지정도서, 자유도서 2번씩) 모였는데, 2달에 한 번 자유도서모임 때 영화를 보고 각자의 의견을 나눈다거나 재미있는 걸 기획해 보자는 의견도 나왔다. 그때는 그냥 '그런 것도 있으면 모임이 좀 더 다양해지겠네.' 라고 생각하고 말았는데, 생각보다 '그런 것'을 빨리 할 기회가 생겼다.

"민창아, 뭐하냐?"

집 근처 카페에서 책을 읽고 있는데 용인이에게 연락이 왔다.

"그냥 집 앞에서 책 읽고 있어."

"응, 그래? 나 잠시 너 보러 갈게."

10분 만에 도착한 용인이는 갑자기 자신이 생각한 아이디어를 나에게 얘기하기 시작했다.

"민창아, 우리 강연 버스킹 만들면 어때?"

난 귀가 솔깃해져 되물었다.

"강연 버스킹? 자세히 말해볼래?"

그러자 용인이는 웃으며 얘기했다.

"강연이라고 하면 흔히 성공한 사람들이나 말을 엄청 잘하는 사람만 한다고 생각하잖아. 근데 강연의 사전적 의미는 일정한 주제에 대해 청중 앞에서 말하는 것이라고 해. 그 말인즉슨, 성공 같은 뻔한 주제 말고 실패, 좌절, 용기, 배려 같은 다양한 주제로 다양한 사람들의 재미난 얘기를 들을 기회가 있다는 말이겠지. 수도권 지역은 강연 버스킹 같은 게 좀 있잖아. 근데 강원도 지역은 전무하단 말이야. 이걸 주말에 날짜를 잡아서 우리 모임에서 한 번 해 보자. 어때?"

너무 좋은 생각이었기에 하지 않을 이유가 없었다. 그리고 용인이에게 최대한 빠른 시간 내에 준비하자고 했다. 2주 뒤 일요일 저녁으로 버스킹 날짜를 잡고, 다음 날부터 어디서 할지 물색하기 시작했다. 다행히 집 근처에 야외 소공연장이 있었고, 1주일 전에 얘기하면 빌릴 수 있었다. 근데 문제는 일과 중에 직접 들러서 양식을 작성해야 했고, 나와 용인이는 일과 중에 움직일 수가 없었다. 그래서 독서모임 단체 카카오톡 창에 '혹시 오늘 시간이 되시는 분?' 이라고 소식을 올렸다. 그러자 나에게 개인적으로 답변이 왔다.

'모임장님, 무슨 일 있나요?'

나는 사정을 설명했고, 그는 감사하게도 기꺼이 들러서 독서모임 이름으로 양식을 작성해서 제출해 주셨다. 그렇게 장소 섭외도 끝났고, 3명의 버스커를 섭외해야 했는데 나랑 용인이 그리고 또 다른 독서모임 초창기 멤버인 상현이 형 이렇게 3명이 '행동하는 삶', '하고 싶은 일', '꿈' 에 대한 얘기를 하기로 했다.

행사 며칠 전에 리허설을 한다고 직접 장소로 가보니 고등학생들이 춤 연습을 하다가 잠시 쉬고 있었다. 조금 부끄러웠지만 불특정다수 앞에서 우리의 얘기를 미리 해 보는 것도 나쁘지 않다는 생각이 들었다. 용인이가 가져온 마이크로 작게 얘기를 시작해봤다.

"반갑습니다. 원주 독서모임 '책으로 말하다' 모임장 권민창입니다. 오늘 저희가 이 자리에 모인 이유는……."

최대한 작게 말한다고 말했는데 마이크를 잡고 있어서 집중이 됐는지 학생들이 쳐다보기 시작했다. 처음엔 참 부끄러웠지만 그냥 그대로 내 얘기를 계속했다. 긴장해서 15분 정도 해야 될 말을 10분 정도에 끝내고 '감사합니다.' 라고 얘기하자, 학생들 중 몇 명이 박수를 쳤다. 강연을 몇 번 해봤지만 되게 색다른 느낌이었다. '모르는 사람들 앞에서 내 얘기를 하는 건 처음엔 힘들지만 막상 하고 나면 되게 재밌구나.' 라는 생각이 들었다. 주말에 있을 강연 버스킹도 잘할 수 있을 것 같은 기분이 들었다. 그렇게 버스킹 30분 전 사람들이 와서 자리에 앉기 시작했다. 7시 정각이 되자 20명 정도가 모여들었다.

"안녕하세요! 반갑습니다. 저는 오늘 진행을 맡은 원주 최고의 독서모임 '책으로 말하다'의 모임장 권민창이라고 합니다! 제 앞에 앉아 계신 분 어디서 오셨나요?"

이렇게 물어보고 가장 멀리서 온 사람에게 내 책을 선물했다. 뭔가 사람들의 눈빛이 처음보다는 많이 풀어진 것 같았다. 난 웃으며 말을 이어갔다.

"이제 다들 눈빛이 좀 선해지신 거 같아요. 아까 레이저가 나와서 죽는 줄 알았거든요. 오늘 저희가 하려는 강연은 '원주민대로'라는 이름입니다. 뭔가 생각이 나지 않나요? 이 모임을 기획한 이유는 강연이라고 하면 대부분 성공한 사람들이 하는 줄 알고 있습니다. 죽도록 힘들었는데 나는 이렇게 성공했다는 메시지를 던져주는. 그런데 강연의 뜻은 일정한 주제로 청중 앞에서 말하는 거라고 합니다. 그 말인즉슨 모두가 불특정다수에게 자신의 메시지를 부담 없이 전할 수 있는 거겠죠? 그래서 저희는 성공에 대한 메시지뿐만 아니라 행복, 자신의 꿈, 실패 같은 다양한 주제로 다양한 일반인들의 재미난 이야기들을 듣고자 합니다. 첫 모임은 저희 모임에서 3명을 선정했는데요. 단발성으로 끝나는 것이 아니라 매달 한 번씩 할 예정입니다. 다음 버스킹은 7월 2일입니다. 생각이 있으신 분들은 네이버에 권민창을 치시면 제 블로그나 인스타그램이 나올 겁니다. 댓글을 남겨주시든, 메시지를 주시든 연락을 주세요. 감사합니다."

그리고 나부터 솔직하게 내 얘기를 시작했다. 버스킹이 끝나고 질의응답을 받고, 용인이 상현이 형도 무사히 버스킹을 마쳤다. 끝날 때는 10명 정도가 더 와, 소공연장에 30명 정도가 모여 있었다. 나는 마무리 인사를 했다.

"참 다양한 주제로 많은 얘기를 나눠본 거 같습니다. 세상에는 참 다양한 사람들이 많습니다. 그리고 다양한 경험들을 듣는 것만으로 우리 삶은 좀 더 감칠맛 나고 풍요로워지죠. 저희는 강연을 전문으로 하는 사람들이 아닙니다. 각자의 생업이 있고, 짬을 내서 이렇게 준비를 한 건데요. 확실히 구수하지 않습니까? 실수도 많이 하구요. 어떠셨어요? 막 자신의 얘기를 나와서 하고 싶지 않나요? 기회가 있습니다. 다음 버스킹은 7월 2일입니다. 네이버에 권민창을 치시고 어떤 주제로 어떤 얘기를 하고 싶은지 간략하게 메시지를 주세요. 아쉽지만 오늘 버스킹은 이렇게 마쳐야 할 것 같습니다. 다음에도 이렇게 함께 즐겁고 편안한 시간을 보냈으면 합니다. 감사합니다."

그리고 함께 기념사진을 찍고 마무리를 했다. 2회도 1회와 마찬가지로 진행을 했다. 하지만 그렇게 진행을 하니 아쉬움도 많고 무엇보다 독서모임 사람들 위주로 진행하는 거라 학예회 같은 느낌이 들었다. 그래서 마음 맞는 사람들에게 연락을 했다.

'이번에는 진짜 한 번 크게 띄워보자. 할 수 있을 거야.' 사람들의 인적이 드문 따뚜 소공연장이 아니라, 원주에서 유동인구가 가장 많은 곳 중에 하나인 중앙시장 문화의 거리 공연장을 덜컥 빌렸다. 그리고 4명의 발표자와 1명의 MC를 독서모임에서 뽑았다. 그들과 함께 버스킹 전까지 1주일에 한 번씩은 회의를 했다. 어떤 식으로 해야 사람들에게 어필이 될지, 지나가는 사람들을 어떻게 잡을 것인지. 그렇게 회의를 하며 주제를 서로 정했다. 여행, 도전, 응원, 현재라는 다양한 주제로 버스킹을 진행하기로 했다. 영상전문가를 섭외했고, 포스터를 만들어 원주 곳곳에 붙였다. 좀 더 많은 원주의 사람들이 참여해서 우리의 얘기를 듣고 힘을 받았으면 했다. 그렇게 '원주민대로' 버스킹 당일이 되었다.

전날 리허설을 해봤음에도 불구하고 굉장히 많이 떨렸다.

"마이크 테스트 하나, 둘. 잠시 안내 말씀 드리겠습니다. 잠시 후 오후 7시에 원주 중앙동 문화의 거리에서 원주 독서모임 '책으로 말하다'에서 기획한 일반인 TALK 버스킹 '원주민대로'가 진행될 예정입니다. 많은 원주의 사람들이 오셔서 함께 즐거운 시간 보냈으면 좋겠습니다."

전혀 모르는 사람들 앞에서 마이크를 잡고 홍보하는 건 쉬운 일이 아니었다. 하지만 계속 하다 보니 이것도 익숙해졌다. 사람들은 나름 관심을 가졌다. "이게 뭐하는 거예요?"라고 물어보는 분도 계셨다. 음향장비와 의자를 세팅했는데 문제가 생겼다. 조명을 지원 받지 못해서 우리가 설 무대가 시간이 지날수록 어두워지는 것이었다. 그때 머릿속에 기발한 생각이 스쳐지나갔다.

'그래, 무대 자체를 없애자.' 우리는 원주민들이 함께 즐길 수 있는 버스킹이라고 하면서 눈높이조차 맞추고 있지 않았던 것이다. 그리고 거리 중앙은 언제든 불이 켜져 있어, 무대보다 훨씬 더 밝았다. 무대 쪽으로 향해 있던 의자들을 거리 쪽으로 돌리고 버스킹을 시작했다. MC의 진행으로 '원주민대로'가 시작되었고, 우리는 각자의 이야기를 사람들과 눈을 맞추며 할 수 있었다. 그렇게 '원주민대로'가 끝났고, 우리를 홍보할 수 있는 영상이 나왔다. 그 영상을 SNS에 업로드하니 반응이 폭발적이었다. 독서모임 문의를 묻는 사람들이 훨씬 많이 늘어났고, '원주민대로'에 어떻게 하면 참여할 수 있냐는 사람들도 많았다. 그동안 했던 노력들이 전혀 헛되지 않았다는 생각이 들었다. 문화라는 것은 한 사회의 개인이나 인간 집단이 자연을 변화시켜온 물질적 · 정신적 과정의 산물이라고 한다. 나 개인에서 비롯된 작은 변화가 원주의 문화를 변화시킬 수 있다는 사실에 정말 뿌듯함을 많이 느꼈다.

2~3명의 지인으로 시작한, 이제 1년 남짓 된 독서모임이 어느덧 원주에서 가장 큰 독서모임이 되었고, 독서모임에 그치는 게 아니라 다양한 활동들을 하며 원주의 문화를 선도하려 노력 중이다. "다음에는 서울에서 다양한 전문가들을 모셔보려고 하는데 어떻

게 생각하세요?"라고 물었을 때 "그거 괜찮네요. 우리가 우선으로 참석할 테니 한 번 진행해 주세요!"라고 얘기하는 운영진들과 열심히 참여해 주는 원주 독서모임 '책으로 말하다' 회원들에게 이 자리를 빌려 감사드린다.

6. 원주 부대 사람들

군 생활을 수동적으로 했을 때는 주위에 있는 모든 사람들이 싫었다. 선임들은 답답했고, 후임들은 바보 같았다. 그들과 소통하려 하지도 않고, 나 혼자 벽을 치고 그들을 거부했다. 하지만 책을 읽고 많은 사람들을 만나며 내가 얼마나 편협하고 안일한 사고를 가지고 있는지 알게 되었다.

그런데 그들이 그동안 내가 해 온 행동들과 일련의 사건들을 품어 주고 나를 일원으로 받아들여줄지에 대한 자신이 없었다. 그래서 그나마 나에 대해 쓴소리를 해 주시던 한 분께 내 진심을 말씀드렸다.

"이 원사님, 저 좀 변하고 싶습니다. 항상 제대한다고 설쳤는데 이 안에서 제가 사람들의 마음을 얻지 못하면 나가서도 똑같은 문제가 발생한다는 걸 뼈저리게 느꼈습니다."

이 원사는 가만히 들으시더니 이렇게 말씀하셨다.

"네가 변하고 있다는 건 아마 다들 느낄 거야. 하지만 그게 일시적인 게 아니고 지속이 되어야 사람들이 너의 진심을 알아주지 않겠어?"

그날 그렇게 자르기 싫어하던 머리부터 잘랐다.

그리고 출근을 하면 사무실별로 다 들러서 인사를 드렸다.

"필승! 잘 쉬셨습니까?"

생전 하지도 않은 짓을 하니 처음엔 얘가 뭘 잘 못 먹었나 하는 표정을 짓던 사람들이 점점 내 진심을 알아주기 시작했다. 그리고 사무실에서도 열심히 하는 모습을 보여드리려고 노력했다.

그렇게 몇 달이 지나고 책을 출판하게 되었다. 사람들은 진심으로 내가 잘되는 모습을 기뻐해 주는 것 같았다. 그리고 책을 출판하고 나서 나는 다시 바빠졌다. 내 본연의 임무에 소홀하지는 않았지만 외부 활동을 많이 하다 보니 자연스레 사무실에 있는 시간이 전보다 줄어들게 되었다. 사무실 사람들에게 항상 그 부분에 대해 죄송하게 생각하고 있었다.

그러던 어느 날 사무실 선임인 김 상사의 20주년 회식을 하게 되었다. 난 반장님에게 가서 술을 드리고 항상 감사하고 죄송하다고 말씀드렸다. 그러자 반장님은 이렇게 말씀하셨다.

"권 중사, 난 권 중사가 열심히 사는 모습이 너무 좋아. 나도 몇

십 년 동안 군대에 있으면서 많은 반장들을 만났어. 그중엔 나를 놓아주려 하지 않는 사람도 있었고, 내가 더 잘되라고 다른 곳으로 언제든지 가라고 하는 사람도 있었지. 근데 돌아보면 후자가 더욱더 감사하고 기억에 남더라고. 사무실 사람이 없으면 물론 힘들어. 하지만 그 사람을 진심으로 원한다면 더 좋은 곳으로, 기회를 얻을 수 있는 곳으로 가는 게 맞다고 봐. 나는 권 중사를 항상 응원해."

반장님의 말씀을 듣고 눈물이 핑 돌았다. '내가 이런 좋은 분을 나 혼자만의 이상한 기준으로 벽을 만들고 멀리했구나. 내가 반장이라면 과연 저렇게 말할 수 있을까?' 라는 생각이 들었다. 그리고 사무실에서 함께 일하는 유 상사와 김 상사에게도 술을 드리자 두 분도 공통된 말씀을 하셨다.

"내가 처음 봤던 민창이와 지금의 민창이는 정말 많이 달라졌어. 항상 열심히 하려는 모습이 너무 좋아. 우리도 마음 같아서는 민창이와 계속 생활하고 싶지만, 민창이가 더 잘될 수 있는 길이 있다면 그 길로 가는 민창이를 진심으로 응원할게. 일이 많으면 남아있는 사람들이 좀 더 하면 되니까 걱정 말고 잘해 보자. 사촌이 땅을 사면 배가 아프다는 말이 배라도 아파서 거름이라도 싸줘야 한다라는 의미도 있다 하더라고. 난 민창이한테 내가 할 수 있는 것들을 다 주고 싶어. 누구나 생각은 할 수 있지만 그걸 행동으로 옮기는 네가 나보다는 훨씬 어리지만 존경스럽다. 고마워."

몇 년간 내가 갖고 있던 편협한 시선들과 고정관념들은 나만의 문제였다. 그렇게 군 생활을 막장으로 하고 사고를 치고 다녀도 우리 식구라고 뒤에서 조용히 챙겨 주신 분들이었다.

그런 분들에게 난 어떻게 행동했던가. 늘 감사하고 죄송한 마음을 잊지 말아야겠다고 생각했다. 회식이 마무리되기 전 나는 근처 꽃집에 가서 꽃다발을 사왔다. 늦을까봐 꽃을 든 채로 뛰어갔고, 회식장소에서 나오려 하는 김 상사께 꽃을 드렸다.

"김 상사님, 20주년 다시 한 번 축하드립니다."

그러자 김 상사는 아이처럼 좋아하셨고, 주위에 있는 사람들에게 내가 후임복은 참 많다며 웃으며 말씀하셨다. 거기 모인 모든 분들이 어떻게 이런 생각을 했냐며 기뻐하셨다. 오늘을 기념해야 되겠다며 휴대폰으로 각자 사진을 추억으로 남겼다.

꽃다발 하나로 거기 있는 모든 사람들이 행복해졌다. 유명인들을 만나서 나를 어필하려고 몇십 만원짜리 피규어를 만들어 드린 적도 있고, 엄청 큰 꽃다발을 사간 적도 있다. 그래도 그분들에게는 그게 평범한 것이었으리라. 그랬기에 내가 드리고도 뭔가 당연하다는 생각을 지울 수가 없었다. 하지만 그에 비해 정말 소소한 것임에도 불구하고 이렇게 좋아하시고 행복해 하는 모습에 너무너무 감사하고 보람을 느꼈다.

그 순간 내가 완전히 가족이 되었다는 느낌을 받았다. 모든 분들이 배려를 해 주지 않으셨다면 난 진작 다른 부대로 전출을 갈 수도 있었다. 그리고 대외활동을 하는 데 많은 제약이 있었을 것이다. 하지만 날 그렇게 배려해 주시고 믿어 주셨기에 내가 좀 더 다양한 활동을 하며 성장할 수 있었다. 이 자리를 빌려 나와 가장 많은 시간을 보내고, 날 항상 지지해 주는 중대원 모두에게 감사 인사를 드린다.

7. 세계 최고의 동기부여 전문가 조현우

군 생활에 대한 회의를 느끼면서도 뭔가를 시도하지는 못하던 시절, 나에게 자극이 되는 동기가 있었다. 고등학교 땐 공부하기 싫어하고 치킨을 좋아하던 정말 평범한 동기였다. 공부를 하지 않았기에 특기도 힘든 걸 받아서 나와는 달리 조출과 야근이 빈번한 동기였던 현우.

하지만 현우는 임관 후 180도 달라졌다. 새벽시간을 쪼개서 테니스를 하고 주말을 쪼개서 보드를 배웠고, 학점은행으로 학사를 따서 장교 시험에 합격했다. 그리고 소위로 임관해서 부산에서 근무하고 있었다. 동기들 사이에서 첫 장교였고, 나는 현우가 장기복무를 하기 위해 장교로 재임관했다고 생각했다. 하지만 현우는 거기에 만족하지 않고 자신의 꿈을 위해 항상 열심히 살았다. '권 탱크' 시절 나에게도 현우는 많은 자극이 되었다. 하지만 나는 여전히 그대로였다.

그러던 어느 날 난 농구를 하다 큰 부상을 당하게 된다.

그리고 원치 않는 입원을 하게 된다. 그러자 현우에게 전화가 왔다.

"민창아, 다리 좀 어때?"

나는 울상을 지으며 대답했다.

"죽겠다. 2주 동안 입원해야 된대."

그러자 현우는 내게 뜬금없이 책을 권했다.

"잘 되었다. 병원에 있는 동안 책이나 봐라. 내가 한 권 선물해 줄게. 이거 완전 내 인생 책이다."

나는 어이가 없어서 "책은 무슨 책이야. 내가 책 보는 거 봤냐?" 라고 했지만 현우는 자기를 믿고 꼭 봐줬으면 좋겠다고 했다. 그래서 어영부영 알겠다고 대답했다.

다음 날 병원으로 현우가 선물해 준 책이 도착했다. 나는 속는 셈 치고 책장을 넘기고 읽기 시작했다. '재미없으면 바로 덮는다.' 라고 생각하고 시작했는데, 책장을 다 넘기니 어느새 3시간이 지나 있었다. 그 책은 '안정적인 삶보다 자신만의 시스템을 만들어 돈에서 자유로운 삶을 살라.' 는 메시지를 전했고, 지금 내 꿈과는 정반대지만 그때 당시 나에게 그 책은 독서혁명이었다. 그리고 난 '3시간을 투자해 내 삶의 가치관이 바뀔 수 있는 경험을 할 수 있다면 이건 나에게 정말로 가치 있는 일이겠다.'라는 생각을 하고, 그때부터 미친 듯이 책을 읽기 시작했다. 책을 읽고 현우에게 다시 연락했다.

"현우야, 책 너무 잘 읽었다. 나도 시스템을 만들어 돈에서 자유로운 삶을 살고 싶다."

그러자 현우는 웃으며 말했다.

"나도 그러려고 지금 생각 중인 게 있다. 같이 해 보자."

그렇게 난 현우와 얼떨결에 동업(?)을 하게 되었다. 우리가 처음 생각한 건 무자본 창업이었다. 무자본 창업이란 말 그대로 자본금이 필요하지 않은 사업이었다.

처음에 우리가 시작한 건 '슈퍼 직장인 운동본부'라는 카페였다. 페이스북 페이지를 만들어 사람들에게 감동을 주는 자료를 만들어서 네이버 카페로 유입시켜 직장인별 등급을 나누고, 등급이 높은 사람에게는 컨설팅 기회나 각종 혜택을 주는 것이었다.

처음에 회원수가 없어서 지인들의 아이디를 빌려 PC방에 가서 컴퓨터를 옮겨 다니며 가입인사를 쓰면서 1인 10역을 했다. 그렇게 카페를 키우고 페이스북 페이지에서는 카드뉴스(이미지와 텍스트가 결합되어 모바일에서의 가독성과 접근성이 강화된 배너형 기사)를 만들었다.

사람들에게 공감되는 카드뉴스를 만들려다 보니, 자연스레 공감가고 신뢰성 있는 멘트나 자료를 얻기 위해 독서를 꾸준히 하게 되었다. 그렇게 '맨 땅에 헤딩'을 하며 만들다 보니, 50만 명에게 노출이 된 자료도 만들게 됐고 카페로 유입된 사람들이 많이 늘어나게 되었다.

하지만 그때 당시 나는 카드뉴스를 만들기 위해 했던 도구로서의 독서가, 내 삶에 가장 중요한 행위로서의 독서로 변화했다. 그러면서 제대를 해서 자신의 사업을 하려던 현우와는 다른 길을 걷게 된다. 하지만 현우와는 지속적인 교류를 하고 있다.

최근에 현우는 〈만나는 사람을 바꿔야 인생이 바뀐다〉라는 책을 내고 왕성한 활동을 하고 있다. 그리고 두 번째 책인 〈돈기부여〉도 2017년에 출판되었다.

현우가 내게 책을 권해 주지 않았다면, 난 지금 '현역 군인 최초 독서 전문가' 라는 꿈을 가질 수 있었을까? 나에게 새 인생을 선물해 준 현우에게 다시 한 번 감사하다는 말을 하고 싶다.

PART 04

꿈을 찾기 위한 나만의 6가지 방법

익숙함과 경계

브랜딩

너와 나의 연결고리♬

진실

성장

1. 익숙함을 경계하고 낯섦을 즐겨라

부대에 배속 받은 지 얼마 안 된 신임하사 시절, 첫 배속지가 성남이라 다른 동기생들에 비해 다양한 문화혜택을 누릴 수 있는 환경이었다. 서울소재의 대학교를 다니는 초, 중학교 동창들을 자주 만나며 친하게 지냈는데, 그중 한 명이 춤을 춘다는 것이 아닌가. 그 친구는 중학교 때 함께 농구를 했던 친군데 느리고 힘도 없어 항상 깍두기로 뽑는 친구였다. 말도 안 된다고 생각하며 그냥 지냈었다.

그러다 며칠 뒤 우연히 그 친구의 미니홈피를 들어가게 됐고, 그 친구가 춤추는 동영상을 보게 되었다. 건대입구역에서 혼자 춤을 추는 영상이었다. 그런데 몸이 로봇처럼 딱딱 끊기고 누웠다가 순식간에 일어나는 게 아닌가. 몸치라고 무시했던 친구가 이렇게 훌

륭한 춤꾼이었다니! 마침 '스텝업3' 라는 댄스 영화를 정말 감명 깊게 본 터라 고민할 필요도 없었다.

그 다음 날 퇴근을 하고 성남 시내로 나가 댄스학원 몸치 탈출반에 등록했다. 하사 월급의 10% 정도가 되는 큰돈이었지만, 뭔가 배움을 위해선 아끼지 말아야 한다는 생각이 들었다. 어서 빨리 나도 그 친구처럼 건대입구에서 혼자 춤을 출 정도로 연습해야겠다는 생각이 들었다. 그런데 몸은 내 생각대로 움직이지 않았다. 학생 때 달리기와 태권도, 농구를 함께 병행하며 항상 체력관리를 해왔기에 운동신경은 누구한테도 밀리지 않을 자신이 있었는데, 그 자신감은 춤을 추며 산산이 깨졌다.

같이 추는 친구들은 다들 중고등학생이었고, 심지어 초등학생도 있었다. 그 친구들은 선생님의 안무를 곧이곧대로 잘 따라했다. 하지만 나는 따라가기는커녕 비슷하게 흉내조차 내지 못했다. 그런 내가 안쓰러웠는지 선생님은 동작을 교정해 주려고 하셨지만, 난 더더욱 이상한 동작을 했고 거기 있는 수강생 전체가 날 보며 웃었다. 쥐구멍이 있다면 얼른 들어가 숨고 싶었다. 내가 무슨 부귀영화를 누리겠다고 이걸 하고 있는가라는 생각도 들었다.

그러나 한 번은 잘 추고 싶었다. 딱 한 번이라도 사람들의 감탄에 찬 시선을 받고 싶었다. 이를 악물고 계속해서 연습했다. 숙소에 들어가서도 혼자 거울을 보며 기본동작을 연습했다. 그렇게 두 달 정도 지났을까. 웬만한 기본동작들은 이질감 없이 따라할 수 있게 되었다. 이제야 안무를 좀 따라갈 수 있겠다 싶었는데 선생님이 내게 오셔서 말씀하셨다.

"민창 씨, 연말에 저희 학원 자체적으로 파티를 해요. 그래서 클래스마다 공연을 준비할 건데 민창 씨도 참여해 주셨으면 좋겠어요. 두 달 동안 정말 많이 늘어서 이제 같이 안무를 짜서 공연을 해도 좋을 거 같아요."

사실 기쁘기보다는 두려움이 앞섰다. 이제야 기본동작들이 익숙해졌고 춤에 재미를 붙일 수 있을 거 같고, 내가 생각했을 때 부족한데 사람들 앞에서 자신 있게 춤을 출 수 있을까? 행여나 자신감을 잃어서 춤 자체가 추기 싫어지면 어떡하지? 난 일어나지도 않은 일로 쓸데없이 고민을 하고 있었다. 내 심각한 표정을 보셨는지 선생님은 결정되면 얘기해 달라고 하셨고, 난 숙소에 들어가 고민하기 시작했다. 그때 선생님에게서 문자가 왔다.

'민창 씨, 사실 처음 봤을 땐 길어야 두 번 나오고 안 나오겠느냐고 생각했어요. 근데 그렇게 땀을 뻘뻘 흘리며 연습하는 모습, 두 달 동안 쭉 지켜보면서 민창 씨 본인은 어떨지 모르겠지만 제가 봤을 땐 훨씬 더 성장할 수 있을 거 같아요. 살면서 사람들 앞에서 춤을 출 수 있는 기회가 많지는 않을 거예요. 몸치 탈출반이라 잘 못해도 이해할 거구요. 관중들 앞에 선 긴장감을 즐겨 보세요. 참 재밌을 거예요. 같이 했으면 좋겠어요.'

선생님의 진심이 담긴 장문의 문자를 보고 나는 '해 보자'로 마음을 굳히게 되었다. 선생님이 우리를 배려해 어렵지 않은 안무를 짜 와서 연습은 생각보다 할 만했다. 막상 해 보니 내가 고민했던 자체가 한심하게 느껴졌다.

'별거 아닌데? 나도 할 수 있네.' 그렇게 생각하며 열심히 같은 클래스 사람들과 연습을 했다. 공연 당일 날 갑자기 엄청난 긴장감이 몰려왔다. 갑자기 이 자리에서 벗어나서 숙소에 가서 그냥 아무 생각 없이 누워 있고 싶었다. 그 자리에 있는 모든 사람들이 나를 쳐다보는 것만 같았고, 내 부족한 춤에 대해 혹평을 하러 온 거 같았다. 그런 나의 불안한 마음을 느꼈는지, 선생님께서는 "여기선 민창 씨가 최고예요."라고 얘기해 주셨다.

그 한 마디에 마음이 편해지고 큰 실수 없이 공연을 무사히 마쳤다. 우레와 같은 박수 속에 무대를 내려오며 나는 '댄스 강사가 되어야겠다.'라고 생각했다. 사람들이 성장해 가는 과정을 보며 힘을 주고 격려를 해 주는 따뜻한 선생님이 되고 싶었다. 그리고 무대에 서는 그 짜릿한 기분을 계속 느끼고 싶었다. 그렇게 몇 년간 댄스 강사를 목표로 열심히 춤을 췄다.

원주로 부대를 옮겼음에도 주말에 당일치기로 서울에 와서 1:1 개인 레슨을 받고, 유명 해외 댄서들의 워크숍에도 참여했다. 원주 상지대학교 댄스 동아리와 함께 춤을 추며 공연을 하고 다니기도 했다. 그러다 보니 점점 내공이 쌓이고 남들에게 춤을 가르쳐 줄 수 있는 수준까지 이르렀다. 비록 지금은 댄스 강사라는 꿈은 마음 한편에 고이 접어두었지만, 한 번 춤을 전문적으로 배우니 어색함을 깰 때나 처음 만난 사람에게 쉽게 다가갈 때, 상대방에게 호감을 얻고 싶을 때 등 다방면에 유용하게 쓰이고 있다. 춤을 추며, '뭐든지 하면 된다. 처음이 어렵지 나중엔 쉽다.' 라는 생각을 하게 되었다. 우연한 기회로 원주에서 난타를 배울 수 있었다. 그런데 배운 지 한 달 만에 시외버스터미널 앞에서 동아리 홍보 겸 정기 공연을 한다는 것이었다. 조금 두려웠지만 이미 춤을 추며 그런 부분이 많이 깨져서 흔쾌히 가능하다고 말씀드렸다. 공연날 사람들 앞이라 오히려 집중한 결과 실수를 하지도 않고 무사히 잘 끝낼 수 있었다. 그렇게 난 점점 익숙하지 않은 것, 낯선 것을 즐기는 '변태' 가 되고 있었다. 처음에 독서는 나에게 단순히 돈을 벌기 위해 도와주는 수단이었다. 하지만 책을 읽고 조금씩 하고 싶은 것들이 생겼고, 생각만 하는 게 아니고 그것들을 실제로 삶에 적용하다 보니 어느덧 독서 자체가 좋아졌고, 군대 최초 독서 전문가라는 꿈이 생겼다.

최근 진주에 교육을 받으러 갔을 때 높으신 분 앞에서 연구발표를 할 기회가 있었다. 다양한 주제로 발표를 할 수 있었지만, 나와 함께 교육을 받던 대부분의 사람들은 우리가 늘상 하던 항공기 정비에 관련된 주제를 선택했다. 우리보다 먼저 교육을 받은 선배들도 대부분 항공기 정비에 관한 주제를 선택해서 발표했기에 참고할 자료도 많았다. 하지만 나는 항공기 정비에 관련된 주제가 아닌, 독서에 관한 주제로 피피티를 만들었다.

"야, 너 그렇게 하면 안 돼. 내가 봤을 때 그거 욕먹을 거 같은데?"

함께 교육을 가던 친한 선임이 나에게 이렇게 말했다. 하지만 난 떳떳했다. 내가 선택한 주제는 생소하긴 했지만 분명 가이드라인 안에 있었기 때문이다. 가장 괜찮은 연구발표자를 뽑던 날, 난 '에어포스 리딩 솔루션Airforce reading solution'에 관한 자료를 발표했다.

"필승, 원주에서 온 권민창 중사입니다. 제가 발표할 내용은 에어포스 리딩 솔루션입니다."

독서모임을 통해 병사+초급간부와 중견간부+지휘관의 진정한 소통을 이끌어낸다는 내용이었고, 발표가 끝난 뒤 난 만장일치로 최우수상을 받았다. 익숙하다는 이유로 기존에 하던 발표를 했다면 과연 내가 상을 받을 수 있었을까?

내가 자주 시청하는 '세상을 바꾸는 시간 15분'이라는 프로그램에서 '능력보다 상황이다'라는 주제로 강연을 한 아주대학교 심리학과 김경일 교수는 신기한 실험을 한다. 삼각형, 사각형 같은 익숙한 도형과 선, 철사 같은 신기한 도형 9개를 섞어놓은 사진을 가지고 초등학교 3학년 1,2,3,4반 교실에 들어간다. 그리고 각자 다른 질문을 한다. 첫 번째 반에서는 사진을 보여 주며 '가장 맘에 드는 도형을 골라서 너희들이 만들고 싶은 것을 만들어라.'라고 한다. 그러면 아이들은 가장 익숙한 도형을 골라 예상 가능한 것들을 만든다. 남학생들은 자동차, 여학생들은 인형 같은.

그리고 두 번째 반에 들어가서는 말 사이의 간격을 띄운다. '가장 맘에 드는 도형을 골라.' 그렇다면 아이들은 익숙한 도형이 아니라 신기한 모양의 도형을 고른다. 그리고 아이들이 도형을 고르면 '그것들로 너희가 만들고 싶은 것을 만들어 봐.' 라고 얘기한다. 그러면 첫 번째 반 아이들보다 좀 더 창의적인 것들이 나온다.

세 번째 반은 좀 더 잔인하다. 그림을 천으로 가리고 '너희들이 가장 만들고 싶은 것이 무엇이니?' 라고 묻는다. 기름을 충전할 필요가 없는 차, 지구를 지키는 로봇, 영원히 꺼지지 않는 휴대폰 등등 정말 기발한 것들이 나온다. 학생들의 의견을 다 듣고 가렸던 도형을 보여 주며, '여기서 3개를 골라, 방금 얘기했던 것을 만들어.' 라고 얘기한다. 1,2반과 비교할 수 없을 만큼 창의적인 것들이 나온다.

네 번째 반은 가렸던 도형을 보여 주고 3개를 고르라고 한 다음 옆 짝꿍과 도형을 바꾸라고 얘기한다. 이렇게 평범한 4반 학생들이 만든 창작물은, 세계 창의 올림피아드 대회에서 대상을 받았던 학생들의 창작물보다 창의성 점수가 훨씬 더 높다고 한다.

메타인지는 '자신의 인지과정에 대해 생각하여 자신이 아는 것과 모르는 것을 자각하는 것과 스스로 문제점을 찾아내고 해결하며 자신의 학습과정을 조절할 줄 아는 지능과 관련된 인식' 이다.

익숙한 상황보다 낯선 상황에서, 우리의 뇌는 전혀 겪지 못한 상황을 인식하면서 이 상황을 해결할 능력을 찾는데, 그때 바로 메타인지가 발현된다고 한다.

결국 자신의 발전을 위해서는 지금 당장 낯설더라도 새로운 경험을 하며 메타인지를 활용해야 되는 것이다. 꿈을 찾고, 발전하고 싶은가? 지금 당장 익숙하지 않은 상황 속으로 자신을 밀어 넣길 바란다. 우리는 늘 그랬듯이 답을 찾을 것이다.

2. 나를 브랜딩하라

"안녕하세요, 전 원주에서 온 권민창입니다."

책이 출판되기 전, 아니 심지어 책이 출판되고 나서도 나는 이런 식으로 내 소개를 했었다. 아무런 임팩트도 없고 누구에게도 기억이 남지 않는 소개였다.

그러던 어느 날 친하게 지내던 정엽 형에게서 전화가 왔다. 그때 당시 정엽 형은 출판과 강연을 준비하고 있었다.

"민창이, 잘 지내나?"

정엽 형의 목소리 너머로 반가움이 묻어났다.

그렇게 사는 얘기를 하며 통화를 하고 있을 무렵 정엽 형이 나에게 이렇게 얘기했다.

"민창아, 근데 니는 남들한테 어떻게 니를 어필하노?"

그 말을 듣는데 딱히 할 얘기가 없었다.

"뭐, 그냥 무난하게 제 소개를 하는 거 같습니다."

그러자 정엽 형은 나에게 이렇게 얘기했다.

"행님은 강사를 준비하니까 사람들에게 감동을 주고 싶어서 어떻게 하면 나를 사람들에게 어필할까를 고민했거든. 그러다가 〈나를 소개하는 3초 전략〉이라는 책을 보게 됐어. 그러면서 3초 안에 남들에게 나를 어필할 수 있는 백마강이라는 네이밍을 했지. 남들에게 인사할 때 '안녕하세요, 백마강 장정엽입니다.' 라고 하면 사람들은 백마강이 뭔지 궁금해서 내게 물을 거고, 그때 '백만 명의 마음을 울리는 강사입니다.' 라고 얘기하면 훨씬 더 기억에 남고 좋지 않을까? 민창이 니도 군인인 신분과 독서법 책을 출판한 걸 연결하면 엄청 좋을 거 같은데?"

형님과 통화를 마무리하고 인터넷 서점에 들어가 〈나를 소개하는 3초 전략〉이라는 책을 바로 구매했다. 그리고 다음 날 두근거리는 마음으로 책을 읽었다.

이 책은 제목 그대로 3초 만에 사람들의 뇌리에 단단히 각인되는 방법에 대한 해답을 제시해 준다. 괜찮은 소개글이나 멘트가 있으면 그것을 모방하고, 그 안에서 자신만의 것으로 개발하고, 개발한 것을 또 혁신하는 것.

작가는 나에게 아무런 관심도 없는 세상을 향해 당당히 한 마디를 던질 수 있어야 한다고 얘기한다. 자기에 대한 정체성이 있는 사람들은 누구에게나 자신을 당당하게 소개할 수 있다는 것이다. 이 밖에 3초 전략을 만드는 과정에 대한 팁들을 소스처럼 사이마다 버무려놔서 재밌게 읽을 수 있었다.

책을 읽고 많은 아이디어가 떠올랐다. '음, 나는 외부에서도 활동을 많이 하면서 독서뿐만 아니라 다양한 일을 하고 다니니 소셜 독서테이너도 괜찮겠다.', '책 요약해 주는 군인, 줄여서 책요군은 어떨까?', '천상천하 유군독존(유일한 군인 독서 전문가), 공작(공군 중사 겸 작가)' 같은 다양한 생각을 하면서 결국 사람들에게 생각하게 하는 것보다 뇌리에 박힐 만한 소개를 완성했다.

'독서로 군대 문화를 변화시킬 〈권 중사의 독서혁명〉 저자 권민창' 그리고 책으로 사람들을 처방한다는 뜻에서 '북테라피스트'라는 네이밍도 사용하기 시작했다.

박재현 대표가 감수하신 '핑크 펭귄'에서도 수많은 펭귄 무리 중에서 자신만의 콘텐츠로 핑크색 펭귄이 되라고 얘기한다. 어떻게 사람들에게 나를 브랜딩할 것인가? 어떻게 사람들에게 나를 어필할 것인가?를 고민하고 답을 찾으라는 내용이었다. 그 책을 보고 실제로 박재현 대표의 강연에 참석하고 많은 깨달음을 얻었다.

많은 사람들과 기회들이 내 앞을 스쳐 지나가는데, 언제까지 원주에 사는 권민창이라고 말할 수는 없었다. 그리고 사람들에게 나를 어필하기 시작했다. 청년문화포럼이라는 단체에 재능기부위원으로 활동하고 있을 때 서울시장님을 뵐 기회가 있었다. 시장님께서 청년들과 소통하고 싶다고 먼저 얘기하셨고, 청년문화포럼의 황희두 회장님이 시장님을 뵙고 대화 나누고 싶은 소수의 분들을 모집하셨다.

높은 자리에 있음에도 불구하고 옆집 아저씨같이 친근한 모습에, 한 번 뵙고 좋은 얘기도 많이 듣고 싶다는 생각이 들어 회장님께 시장님을 꼭 뵙고 싶다고 강력 어필했다. 그리고 토요일 오후 4시 정도에 시장실에서 시장님을 뵙게 되었다. 사진이나 동영상에서 본 그대로의 모습이셨다. 수수하시고 온화하신 모습.

"여러분들을 만나서 너무 반갑습니다. 각자 간단하게 소개해 주시면 좋을 거 같아요."

약 15명의 대학생들이 자기소개를 하기 시작했다.

"안녕하세요? 저는 덕성여대에 다니는 xx입니다."

대부분의 학생들이 쑥쓰러운지 그렇게 간단하게만 얘기했다. 그럼에도 불구하고 시장님은 "아, 그래요? 무슨 과 다니죠? 디자인과? 디자인과면 디자인 행사 같은 것도 직접 해볼 수 있으면 좋을 거 같은데, 내가 그쪽 관련되신 분을 한 번 연결해서 청년문화포럼과 함께 할 수 있는 행사 같은 걸 추진해 보라고 얘기해 볼게요." 그리고 바로 전화를 하셔서 다음에 청년들이 찾아갈 테니 그때 신경을 써주시면 감사하겠다고 얘기하셨다. 말씀하신 걸 바로 실천하시는 걸 보고 정말 대단하시다는 생각이 들었다.

우리와의 만남 이전에도 청년단체들과 미팅이 있었고, 우리와 만난 뒤에도 곧바로 다른 일정이 있는데도 불구하고 정말 진심으로 한 명 한 명에게 관심을 가지고 귀 기울여 주신다는 생각이 들었다.

그렇게 소개를 하고 드디어 내 차례가 되었다. 난 꼭 시장님에게 내가 꿈꾸는 일과 메시지를 전달하고 싶었기에 바로 일어나서 큰 소리로 말씀드렸다.

"안녕하십니까? 독서로 군대 문화를 변화시킬 〈권 중사의 독서혁명〉 저자 권민창입니다! TV에서만 뵙던 시장님을 실제로 뵈니 너무 좋습니다. 시장님을 뵈려고 강원도에서 이렇게 왔습니다."

이렇게 내 소개를 하니, 시장님은 깜짝 놀라 말씀하셨다.

"아니, 직업군인인가요? 그런데 책을 썼어요? 어떤 책이죠?"

난 침을 삼키고 말했다.

"네, 저는 26살까지 일 년에 책을 한 권도 읽지 않던 청년이었습니다. 그런데 우연한 계기로 책을 읽게 됐고, 그 책이 제 가치관을 180도 변화시켰습니다. 그리고 일 년 동안 미친 듯이 책을 읽었고, 책을 읽으며 행동하게 됐고 변화하게 됐습니다. 제 책인 〈권 중사의 독서혁명〉은 어떻게 하면 독서를 삶에 효율적으로 적용할지에 대해 쓴 책입니다. 군대를 가야 하는, 그리고 군대를 다녀 온 남자들은 군대에 대한 이미지가 그렇게 좋지 않습니다. 하지만 저는 군대가 사회로 나가기 전에 꿈을 찾고 그 꿈을 성장시킬 수 있는 교두보 역할을 할 수 있다고 생각합니다. 군인도 책을 읽고 이렇게 다양한 활동을 할 수 있다는 걸 보여드리고 싶었고, 독서로 군대 문화를 바꿔보겠다는 호기로운 마음으로 책을 쓰게 됐습니다."

시장님은 눈을 크게 뜨며 말씀하셨다.

"정말 대단합니다. 그리고 멋집니다."

나는 시장님께로 가서 내 책을 드렸다. 만나 뵙기 전에 책 표지에 시장님께 드리고 싶은 말씀을 적었다. 그냥 책을 드리는 것보다 내 '진심'을 드리고 싶었기에 전달될 거라 믿었다.

"시장님, 제가 책 표지에 시장님께 편지를 썼습니다. 제가 시장님께 감히 하나만 부탁드려도 되겠습니까?"

시장님은 너무 고마워하시면서 말씀하셨다.

"네, 말씀하세요. 무엇인가요?"

"바쁘실 텐데 죄송하지만 시간 나실 때 제 책 읽어 주시면 정말 감사하겠습니다."

시장님은 웃으며 말씀하셨다.

"그럼요, 꼭 읽고 제가 트위터에 올리겠습니다. 정말 대단한 분입니다. 우리 사진 하나 찍읍시다. 이렇게 권 중사 책 들고요. 허허."

그렇게 시장님이 먼저 얘기해 주셔서 투샷을 찍게 됐고, 그 사진은 내내 자랑거리가 되었다. 만약 내가 내 자신을 브랜딩하지 않은 채 시장님을 만나러 갔다면 나는 무수히 지나가는 많은 청년 중 한 명에 불과했을 것이다. 하지만 그렇게 내 자신을 확실히 어필했기에 시장님의 관심을 받을 수 있었고, 또 트위터에 내 책을 올려 주신다는 약속을 받을 수 있었다.

꿈을 찾기 위해선 열정과 패기도 중요하지만 무엇보다 성공한 사람들을 만나면서 '재는 대체 뭐지?' 라는 호기심을 갖게 해야 된다.

'난 아무것도 없어, 너무 평범해.' 라고 생각하기보다 남들이 갖지 못한 내 강점은 무엇인지 고민해야 한다. 꿈이 100m 달리기라면 브랜딩은 달리기를 위해 신는 운동화라고 할 수 있다.

100m를 달릴 기회가 있더라도 슬리퍼를 신고 있으면 달릴 수 없듯이, 꿈을 이루고 실천하기 위해선 나 자신을 먼저 브랜딩 해야 한다.

그러기 위해선 나 자신을 더 잘 알아야 하고 내가 가진 꿈과 목표를 한 번 더 돌아봐야 한다. 내가 어떤 '명분' 을 갖고 있고, 어떤 '신념' 을 갖고 있는지 상대방에게 120% 전달하는 것. 그리고 거기서 파생되어 꿈을 이루기 위한 조력자들을 만나게 되는 것. 그것이 브랜딩이다.

3. 연결고리를 만들어라

스노폭스의 회장이자 수천억 원대 자산가인 김승호 회장의 책 〈알면서도 알지 못하는 것들〉에는 '오래된 가지보다 새로운 가지에서 열매가 맺히고 꽃이 핀다. 인간관계도 마찬가지다. 나에게 도움이 되는 새로운 가지들을 많이 만들어라.' 라는 구절이 있다.

나도 그렇게 생각한다. 실제로 오랫동안 알고 지냈던 사람들보다 책을 읽고 변화하면서 만났던 사람들이 나에게 실질적인 도움을 많이 주었다. 그랬기에 모임이 끝나고 사람들과의 네트워킹은 필수조건이다. 그런데 오히려 역효과가 나는 경우도 있다.

20명 정도가 모인 강연이었는데, 내 옆자리에 앉으신 분이 강연 내내 강연은 듣지도 않고 휴대폰을 만지다가 끝나자 거기 있는 모든 사람들에게 명함을 돌렸다. 눈살이 찌푸려졌다. 그 자리에 있던 모든 사람들도 그렇게 생각했을 것이다. 사람들과 눈도 마주치지 않고 기계적으로 자기가 할 말만 하면서 명함을 줬다. 명함이 없다고 하고 혹시나 해서 끝나고 카톡을 해봤는데 그분은 내가 누군지도 기억 못했다. 그렇게 억지로 만든 연결고리는 끊어지게 마련이다. 그렇다면 어떤 식으로 연결고리를 만들어야 할까?

내 멘토인 배명숙 대표의 〈인간 플랫폼의 시대〉를 보면 어떻게 그렇게 많은 사람들에게 좋은 평가를 받고, 많은 사람들을 자기 사람으로 만들었는지 알 수 있다. 배명숙 대표는 브랜드 핑크 펭귄 박재현 대표에게 네이밍을 받기 위해 한 번도 빠지지 않고 박재현 대표의 강연에 계속 참석한다. 항상 앞자리에 앉아서 질문을 하고 눈을 맞춘다. 그렇게 1년 정도 하여 박재현 대표께서 '머니 셰프, 머니 큐레이션 둘 중에 하나 골라.' 라고 말씀하셨다고 한다.

결국 사람은 자주 보고 얘기하는 사람에게 좀 더 정이 가고 편해지게 되어 있다. 배명숙 대표는 그 부분을 잘 파악했고, 네이밍 후 '머니 셰프' 로 활동하며 승승장구하고 있다.

이렇게 만든 연결고리에서 좀 더 뻗쳐나가는 방법이 있다. 아까 말했던 네트워킹 파티를 잘 활용하는 방법이다. 첫 술에 배부를 수 없다. 한 번에 내 모든 걸 보여 준다는 생각보다는 꾸준하게 내 꿈과 목표를 이루어나가면서 그 분야에 활동하는 사람들과 얼굴과 말을 튼다.

굳이 오프라인을 고집하지 않아도 된다. 나 같은 경우에는 인스타그램이나 페이스북에 내가 배울 만한 사람이나 나에게 동기부여를 주는 사람들에게 먼저 친구추가를 걸고, 그 사람의 피드에 내가 뜨게 했다. 그 사람이 쓴 글에 관심을 보이면 그 사람도 내가 쓴 글을 보고 '어, 이런 사람도 있네?' 라고 생각할 수가 있다. 최근에 실제로 그런 사례가 있었다. 내가 페이스북에 이런 글을 적었었다.

저는 학창시절 되게 뚱뚱했습니다. 그리고 땀을 많이 흘려서 냄새도 많이 났어요. 그래도 성격 자체는 둥글둥글해 남자애들은 욕하면서도 절 좋아했는데, 문제는 이성이었습니다. 학원에서 좋아했던 여자애에게 고백을 했습니다. 아직 남자친구를 사귈 마음이 없어 미안하다고 하더라구요. 가슴이 아팠지만 그러려니 했습니다. 제가 뭘 할 수 있겠습니까. 그러다 여자 화장실 근처를 지나가다 우연히 그 여자애가 친구와 하는 말을 들었습니다.

'야, 권민창이 나한테 고백함. 헐, 대박 기분 더럽겠다. 어, 표정관리하기 힘들더라.'

사흘 동안 잠을 못 잤던 것 같습니다. 그때부터 독하게 살을 빼기 시작했어요. 안 먹고 미친 듯이 뺐습니다. 새벽에는 집 근처 산에 올라가서 달리기를 했구요, 저녁에는 학교 마치고 농구를 했습니다. 그렇게 3개월을 살았어요. 15kg이 빠지고 전 다른 사람이 됐습니다.

외면은 바뀌었지만, 내면은 그대로였어요. 여자에게 상처 받은 기억으로 제 겉모습을 복수의 용도로 사용했던 거 같습니다. 진지한 사랑보다는 항상 가벼운 만남을 원했고 어떻게 하면 여자를 꼬실 수 있을지만 생각했어요. 근데 그러니 한계가 생겼어요. 세상에는 저보다 학벌도 좋고 직업도 좋고 잘생기고 키 큰 남자들이 정말 많더라구요.

전 멀쩡한 겉모습 빼고는 껍데기였어요. 제가 얼굴이 좀 큰 편인데, 제 얼굴 크기에 대해 언급하면 참지 못했습니다. 여자, 남자 외모는 그렇게 품평을 했으면서요. 그리고 모임 같은 데 가면 항상 저보다 잘생긴 사람이 있는지부터 봤습니다. 없으면 신나서 까불고 있으면 조용히 있었죠.

그렇게 몇 년을 살다 보니 자존감이 엄청 낮아졌습니다. 쓸 만한 겉모습도 어차피 늙어갔으니까요. 그러다 우연히 친구 한 명을 보게 됐는데, 그 친구에게 좀 충격을 먹었습니다. 키도 작고 외모도 변변찮았어요. 근데 자존감이 짱인 겁니다. '난 무조건 성공할 거야.' 라는 근거 없는 자신감을 갖고 항상 열심히 사는 친구였어요. 제 기준에서는 이해가 안 됐습니다. 근데 자세히 관찰해 보니 확고한 꿈이 있더라구요.

2015년 12월에 농구를 하다 크게 다쳐 병실에 있는데 그 친구가 책을 추천해 줬어요. 그리고 그 책을 보며 가치관이 바뀌고 꿈이 생겼습니다. 그렇게 한 일 년을 오롯이 제 꿈을 찾기 위해 열심히 달렸더니, 책을 출판하게 됐고 사람들 앞에서 강연을 하게 되었습니다.

그렇게 하나씩 만들어 가며 좋은 사람들도 많이 만나고 신기한 경험들도 많이 하다 보니 자연스레 자존감이 올라가더라구요. 그리고 절 사랑하게 됐어요. 예전에는 거울을 보며 '더 잘생기고 싶다. 더 키 크고 싶다. 얼굴 작아지고 싶다.' 라고 생각했다면 지금은 '난 최고다. 사람들에게 선한 영향력을 미칠 수 있는 존재가 되자.' 라고 생각합니다. 지금은 얼굴이 커서 다행이라고 생각해요. 절 부담스럽게 생각하면 '죄송해요, 얼굴이 너무 커서 부담스러우시죠?' 한 마디하면 자동으로 아이스 브레이킹이 되거든요. 제 단점을 장점으로 승화시키기까지 이르렀습니다. 이제 겉모습은 저에게 주가 아니라 부에 불과합니다. 꿈을 이루기 위해 반드시 필요한 것이 아닌, 그냥 있으면 조금 플러스 되는 부분. 그 사람에게서 나오는 아우라(자신감, 태도, 표정)가 외모보다 훨씬 더 중요한 거 같아요. 사소한 일에도 상대방과 눈을 마주치고 웃으며 '감사합니다.' 라고 말하고 누구를 만나도 편안하게 배려해 줄 수 있는 사람이 되기 위해 노력하고 있습니다. 긴 글 읽어 주셔서 감사합니다. 멋진 하루 되세요.

겉모습보다도 내면, 자기 자신을 사랑하는 마음, 즉 자존감이 인생의 만족도를 결정한다는 메시지를 전달하고 싶어서 쓴 글이었는데 생각보다 반응이 폭발적이었다. 기존에 올리던 글보다 좋아요나 댓글이 5배 이상 많았다. 대부분 그런 아픈 과거가 있는 줄 몰랐고, 지금의 민창님을 응원한다는 얘기였다. 그리고 글을 올리고 30분 뒤 페이스북으로 메시지가 왔다.

'안녕하세요, 민창 씨 페이스북에 올린 글 보고 메시지 드립니다. 저희는 창업백서라는 브랜드를 운영하고 있는 회사인데요. 페이스북, 카카오랑 제휴되어서 젊은 친구들에게 의미 있는 이야기들을 들려주는 일을 하고 있어요. 제가 페이스북 글을 보고 지금까지 이뤄온 이야기를 카드뉴스로 만들고 싶다는 생각을 하게 됐어요. 혹시 의견 어떠실까 궁금해서 메시지 드렸습니다.'

메시지를 주신 분은 〈카드뉴스 마케팅〉이라는 책의 저자 이은지님이었다. 나도 카드뉴스를 만들어봤고 관심이 있었기에 친구추가를 하고 좋은 소식을 받아보고 있었는데 먼저 연락이 온 거였다. 그리고 창업백서라는 페이지를 들어가 보니 페이지의 자료를 정기적으로 구독하는 사람들이 5만 명이 넘었다.

그뿐만 아니라 카카오톡 채널에도 내 이야기가 노출이 되면 내 인생 스토리를 많은 사람들이 볼 수 있다는 얘기였다. '네, 그래주시면 저도 참 감사하죠. 많은 사람들이 제 이야기를 보고 힘을 받고 동기부여를 얻었으면 좋겠습니다. 감사합니다.'

정말 사람 인연이란 어찌될지 모른다는 생각을 했다. 멘토인 배명숙 대표와 유근용 작가도 항상 하시는 말씀이 '인생 잘살아야 된다.' 라는 말이었다. 적이 많은 사람들은 하고 싶어도 SNS 자체를 할 수 없다고, SNS를 하면서 좋은 사람들을 알아갈 수 있는 소통의 장으로 쓸 수 있음에 감사하라고 말하셨는데, 그제야 그 말뜻을 좀 알 수 있을 것 같았다. 원주 독서모임을 만들며 그 안에서 좋은 사람들과 연결고리를 만들었고, 부대에 독서모임을 만들어 그 안에서 군인들과도 연결고리를 만들었다. 그리고 SNS와 오프라인 강연을 다니며 나를 어필하고 사람들과 연결고리를 만들었다. 지금 나는 어떤 문제가 생기더라도 그 분야에 종사하는 분들에게 연락을 드리고 도움을 구할 수 있다. 꿈을 이루기 위해 혼자 조용히 지속하는 것보다 여러분과 같은 곳을 바라보는 사람들, 가치관이 비슷한 사람들과 함께 하라. 그 사람들도 여러분에게 동기부여를 받을 것이고, 여러분도 그 사람들에게 동기부여를 받을 것이다. 그렇게 연결된 사람들은 여러분의 꿈을 이루기 위한 가장 큰 원동력이 될 것이다.

4. 진심이 답이다

앞서 말한 내 꿈에 날개를 달아 준 분들 모두가 내 롤 모델이었다. 다들 추구하는 바와 지향하는 바는 달랐지만, 그들 개개인의 장점을 권민창화化시키니 내 삶도 확실히 바뀌어 가는 걸 느꼈다. 내가 정말 배울 점이 있다고 느끼는 사람이면, SNS에서 먼저 친구신청을 했다. 그리고 그 사람이 올리는 콘텐츠들을 항상 주의 깊게 보고 댓글을 달면서 그 사람이 '아, 권민창이라는 사람이 있구나.' 라는 걸 인지하게 했다. 댓글 단 사람의 프로필 사진을 눌러보면 그 사람이 어떤 사람이고, 무슨 활동을 하는지 볼 수가 있다. 그렇게 조금 친해졌다 싶으면 메시지를 보냈다.

'안녕하십니까, 독서로 군 문화를 변화시킬 〈권 중사의 독서혁명〉 저자 권민창 중사입니다. 활동하시는 모습들에 너무 감명을 받아 많은 동기부여 받습니다. 혹시 다음 강연이 언제인지 말씀해 주시면 열 일 제치고 가서 앞자리에서 반짝거리는 눈빛으로 힘 드리겠습니다. 오늘도 좋은 하루 되세요!'

이런 식으로 내가 정말 배울 점이 있다고 생각하는 사람들에게는 그 사람에 맞는 장문의 메시지를 보냈다. 그리고 어렵게 잡은 기회는 절대 놓치지 않았다. 그 사람이 썼던 책들, 그리고 그 사람이 했던 강의들을 찾아보고, 사전조사를 충분히 한 다음 질문할 거리 10가지를 적어 갔다. 그 질문들은 '어떻게 성공하셨나요?' 같은 뻔한 질문보다는 '어릴 적에 일본에서 살며 20대 초반부터 사업을 시작하셨다고 알고 있습니다. 20대에 느끼던 사업과 40대가 되어 생각하는 사업의 차이점은 어떤 것인지 궁금합니다.', '군대에서 책을 읽고 변화했다고 하셨는데요, 억대 연봉 영어 강사로 승승장구하시면서 왜 갑자기 일을 그만두셨는지, 그리고 힘든 시기를 어떻게 극복하셨는지가 궁금합니다.' 같은 질문들이었다. 그냥 배우고 싶어서 왔다고 하는 게 아닌, 이 사람이 정말 나에 대해 많은 공부를 하고 왔구나 하는 걸 느끼게 해줘야 한다.

그러면 그분들도 형식적인 만남이 아니라 이 사람에게 정말 많은 걸 줘야겠다는 생각을 하게 된다. 단순히 말씀 나눠보고 동기부여를 얻으러 갔는데 그 안에서 엄청난 연결고리를 찾게 되는 경우도 있었고, 또 나에게 도움을 줄 만한 사람을 소개시켜 주는 경우도 있었다.

몇 달 전 되게 감명 깊게 들었던 DID 특강이 있었다. DID란 '들이대'의 약자로 서울 논현역 근처에서 매주 토요일 새벽 7시에 진행된다. 특강 참여비용도 저렴하고, 참여비용 전액이 저소득층 가정 아이들을 돕는 데 사용된다. 그렇게 5년 동안 매주 토요일 새벽 7시에 송수용 대표는 DID 특강을 진행해 오고 있었다. 취지도 너무 좋고 마인드도 너무 좋아 몇 번 강연을 들으러 갔다.

그런 와중에 송 대표가 육군사관학교 출신인 걸 알게 되었다. 군인이라는 공통분모가 있다 보니 나에게 이런저런 얘기를 하셨다.

"나한테 군 강연이 되게 많이 들어와요. 그런데 사실 군 강연은 재능기부가 많거든요. 그리고 위치 자체가 도심과 떨어진 곳이 많아 가기가 정말 쉽지 않아. 그렇게 군대에서 요청이 오면 어쩔 수 없이 연락을 못하는 경우가 많아요. 하루는 진해에 있는 해병대 어떤 중위가 연락이 왔어요. 근데 연락이 어떤 식으로 왔냐면, 나한테 A4용지 3장 분량의 편지를 썼더라고. 내 책을 읽고 어떤 점을 느꼈으며 어떤 걸 배우고 싶고, 부대원들이 송 대표 만나길 간절히 원한다는 내용의 편지를 말이야. 근데 돈이고 시간이고를 떠나서 사람의 진심이 느껴지는데 어떻게 안 갈 수 있겠어. 그래서 갔다 왔지. 동기부여 팍팍 주고. 그런 중위 밑에 있는 병사들은 눈빛부터 달라요. 이 강연을 계기로 뭔가를 얻어가겠다는 그런 게 보인단 말이지. 강연료를 받지도 않고, 서울에서 진해까지 내려갔다왔지만 그 어떤 강의보다 보람차고 좋았어요. 사람을 움직이는 건 결국 진심이거든.

DID특강을 하는 것도 내가 잘 되기 위한 이유였다면 분명 오래 못했을 거예요. 하지만 좀 더 좋은 사회를 만들고 어려운 사람들을 돕기 위해 시작했기 때문에 이건 내 사명이란 말이지. 5년 동안 매주 토요일 꼭두새벽부터 일어나서 준비하고 진행하다 보니까, 참 대단한 분들도 많이 모시게 됐고 돈을 드리지도 않는데 강연하고 싶어 하시는 분들이 정말 많아요. 그리고 이 새벽에 강연을 들으러 오시는 분들도 남들과는 다른 사람이에요. 자기 삶을 변화하고 싶은 열정이 있는 사람들이거든."

송 대표의 말씀을 듣고 정말 많은 깨달음이 왔다. 난 단순히 그냥 강연을 많이 하고 싶고, DID강연을 하시는 분들은 다들 성공하신 분들이라 나도 한 번 DID 특강을 하게 해 주셨으면 좋겠다라는 마음가짐으로 뵈러 갔고, 내 책을 드렸다. 근데 그게 아니었다. 내가 진심으로 DID에서 에너지를 발산하고 싶었다면, 책만 드리는 게 아니고 책에 편지를 작성해서 드렸어야 되었다. 하다 못해 '아침 일찍 일어나서 피곤하실 텐데, 이거 드시고 오늘 하루도 힘내십시오.' 하면서 비타민과 함께 책을 드렸다면 어땠을까 하는 생각이 들었다. 비타민이나 편지는 비싸지 않다. 하지만 그 사람을 생각하는 마음이 전해진다.

보아스북 박준호 대표의 별명은 '감똘(감동또라이)'이다. 누구나 감동을 받을 수 있는 작은 것까지 신경을 써서 그런 별명이 붙었다. 박준호 대표는 어딜 가든 빈 손으로 가지 않는다. 그렇다고 해서 값이 나가는 물건을 사가는 게 아니고, 그 사람에게 필요하고 어울리는 선물을 사간다. 그리고 그 선물에 스토리를 입힌다. '여러분의 달달한 하루를 위해 초콜릿을 준비했습니다.' 라든지 '저번에 보니 기침을 심하게 하시던데 목에 좋은 도라지차입니다. 드시고 얼른 완쾌하셨으면 좋겠습니다.' 같은, 상대방을 세심하게 관찰하고 그 사람에게 자신의 '진심' 을 전달한다.

비싼 선물을 사주는 것보다, 오히려 이렇게 관찰하고 그 사람의 상황에 맞는 선물을 주면서 단순히 많은 사람을 만나는 것보다 내 꿈을 지지해 줄 진실된 한 명을 만나는 것이 훨씬 더 도움이 된다.

마지막으로 실제로 배울 점이 있는 사람을 만났을 때, '혹시 괜찮으시면 녹음을 해도 되겠습니까?' 라고 물어보면 상당히 긍정적인 반응을 보여 주셨다. 그리고 얘기를 하시기 전에 메모장과 펜을 꺼내서 적는 것도 상당히 좋다. 잘 보이려고 하는 게 아니라, 정말 그 사람의 말 하나하나를 놓치지 않겠다는 진심을 보여 준다면 상대방도 나를 그저 지나가는 인연으로 생각하지 않을 것이다. 녹음하지 않고 메모조차 하지 않으면 집에 와서 그냥 '좋은 사람 만났네.' 정도로 끝날 수가 있다. 기록은 기억을 지배한다. 그리고 녹음과 메모는 당신의 진심을 보여 줄 수 있는 가장 좋은 행동이다.

나는 집에 와서 녹음한 파일을 한 번 더 들으면서 정리하고, 메모한 것과 연관해서 내 삶에 도움이 되는 부분을 많이 뽑아낼 수 있었다. 각 분야에서 성공한 사람들에게는 분명 찾아오는 사람이 많을 것이다. 그 많은 사람들 중에 한 사람이 될 것인가, 아니면 내 진심을 100% 전달해서 그 사람에게 특별한 존재가 될 것인가? 잊지 말자. 내가 진심을 보여 주면 상대도 기꺼이 자신의 진심을 내 줄 것이다.

5. 성장일기를 작성해 보자

"민창아, 나 오늘부터 감사일기 적어 보려고."

일 년 전 자신의 멘토와 통화를 하고 또 뭔가 느꼈는지, 현우가 내게 말했다. 난 되물었다.

"감사일기? 그건 뭐야?"

"그냥 그날 감사한 걸 글이나 영상으로 남기는 거지. 그걸 적으면서 되게 느끼는 게 많다고 하더라고. 난 영상으로 남겨보려고."

그러면서 현우는 유튜브 채널을 만들어 자기가 그날 감사했던 일들을 영상으로 올리기 시작했다. 처음엔 왜 저런 걸 하나 싶었는데, 계속 보다 보니 재밌기도 하고, 저런 식으로 기록하면 나중에 그게 내 자산이 되겠다라는 생각이 들었다. 그냥 생각만 하고 몇 달이 지났는데, 인무도 첫 모임에서 배명숙 대표가 우리에게 이렇게 말했다.

"앞으로 매일 매일 성장일기를 써서 네이버 카페에 남기세요. 나중에 큰 도움이 될 거예요."

배명숙 대표께서 그렇게 얘기했으니 뭔가 있겠다 싶어서 그때부터 성장일기를 작성하기 시작했다.

[북테라피스트 권민창] 2017.2.9.(목) 성장일기 :

오늘은 너무 감사한 날이다. 내일이면 처음으로 내가 그토록 바라던 군 강연을 하게 된다. 의무복무 기간을 그저 TV만 보고 시간을 때우는 데 그치는 병사들과 초급간부들을 보며, 내가 저랬는데, 저때 잡아 주는 사람이 있었더라면 하는 안타까움을 많이 느꼈었는데……. 외부 강연이 아니라 내가 진정으로 원하는 군 강연이라 더더욱 감사했다. 약 100명 정도라고 하니, 그중에 10명의 마음만 움직여도 정말 의미 있을 것 같다. 이렇게 쌓이는 하루하루가 내 인생의 큰 자양분이 되어 꽃을 피울 거라 믿어 의심치 않는다. 권민창 파이팅!!

[북테라피스트 권민창] 2017.2.13.(월) 성장일기 :

내가 나온 고등학교는 단순한 고등학교 이상의 의미를 지니고 있다. 기숙사 생활을 하며 함께 울고 웃었고, 또 같이 훈련받으며 전원 직업군인이 됐기에 동기애가 참 끈끈하다. 하지만 2년 전, 군대가 그냥 싫었고 내가 군인이라는 자체가 혐오스러웠을 때 난 '동기생회' 를 탈퇴해 버렸다. 한 달에 1만원이라는 돈이 부담됐기 때문이다. 아니, 사실 신경 쓰였다는 말이 맞을 것 같다. 그만큼 군대에 대한 애정이 없었기에. 그리고 2년이 지난 이번 주 토요일, 대전에서 동기생회 7주년 행사가 있다. 회원이 아닌 사람은 참석하지 못하고, 미납금을 다 내고 참여해야 되는데, 지금까지 미납금이 몇십만 원이라 그냥 가려고 했다. 어차피 동기생회 모임이고, 내가 왔다고 해서 뭐라고 할 사람은 없을 거 같다는 생각에. 하지만 오늘 동기 한 명과 얘기를 하며 그 생각이 산산이 깨졌다.

"민창아, 내가 곰곰이 생각해봤는데, 탈퇴를 했는데 동기생회에 오는 것 자체가 좀 아닌 것 같다. 동기들 보는 자린데 야박해 보일 수도 있겠지만 이건 분명 공식적인 자리거든. 네가 싫어서 하는 얘기 아니니까 오해 말고. 사사로운 감정에 회가 운영되는 게 싫어서 얘기하는 거야. 동기생회는 돈이란 게 묶여 있기 때문에 그냥 동기들과의 친목도모와는 다른 개념으로

봐야 한다고 생각해서."

이 말을 듣고 기분이 나쁜 게 아니라, 내 자신이 참 부끄러웠다. '어쨌든 7년 동안 지속되어 왔던 회칙이 있는 회였는데, 난 그저 가벼운 동기모임으로 생각하지 않았나. 난 꼬박꼬박 회비를 낸 동기들을 바보취급하는 거였구나.'

그리고 즉시 미납금액을 다 내고 재가입을 했다. 통장잔고는 허전하지만 기분은 후련했다. 오늘 〈일본 전산이야기〉라는 책을 봤다. '난 괜찮겠지.'라는 안일한 태도가 기업에 엄청난 악영향을 미친다고 한다. 오늘도 내 부족함을 많이 느낀 하루였다.

[북테라피스트 권민창] 2017.2.19.(일) 성장일기 :

오늘은 '드림이터스'라는 모임의 정모 날이다. 드림이터스란 꿈을 먹는 사람들이라는 뜻으로, 각자의 영역에 맞는 콘텐츠를 일주일에 한 번씩 올리는 모임이다. 나 같은 경우에는 수요일 책 소개를 맡았는데, 더 발전시키고 싶어 동영상을 잘 찍는 방법도 연구하고 명숙 누나한테 코칭도 받았다. 2월과 8월, 1년에 두 번 정기모임이 있는데 오늘은 2월 정기 모임이었다. 대전에서 가장 비싼 롯데호텔의 씨카페라는 뷔페에서 점심을 예약하고 구성원들을 기다렸다. 12시가 좀 넘자 다들 모였다. 태어나서 처음으로 그런 비싼 뷔페를 가 봤는데, 확실히 비싼 곳은 달랐다. 음식뿐만 아니라 서비스, 분위기 모든 게. 콘텐츠를 늦게 올린 친구가 있어, 미안하지만 그 친구에게 얻어먹어서 더 맛있었다. 어느 정도 배를 채우고 나서 본격적으로 드림이터스에 관한 이야기를 나누었다. '요즘 순유입이 전혀 없다, 어떤 식으로 페이지를 꾸려 나갈까?' 라는 질문에 현우가 '우리의 성장을 기록하는 곳이고, 우리가 궤도에 올랐을 때 사람들이 '아, 저 사람들도 처음부터 잘했던 건 아니었구나.' 하고 느낄 수 있는 우리만의 성장 플랫폼입니다.' 라는 얘기를 했을 때 많은 공감이 갔다. 콘텐츠에 대한 얘기도 많이 했고, 잘 모르던 방산과 IT, 스타트업 같은 다양한 분야의 폭넓은 얘기를 들을 수 있어 참 의미 있는 시간이었다. 오늘 하루도 몸은 고단했지만 내가 참 복 받았다는 생각이 많이 들 정도로 좋은 사람들이 날 응원해 준다는 걸 느낀, 아주 행복한 하루였다.

이런 식으로 내가 하루하루 느낀 점을 기록하니, 지금 봐도 그때 느낀 감정을 떠올릴 수 있게 되었다. 그리고 쓰는 데 그치지 않고 유튜브 채널을 만들고 동영상으로도 성장일기를 썼다. 동영상으로 성장일기를 쓰면 좋은 점이, 대충 할 수가 없다. 누군가는 내 동영상을 볼 수가 있으니 나름대로 꾸며야 했고, 말하다가 삼천포로 빠지면 안 됐기에 어떻게 말할지 정리를 하고 올려야 했다. 그러니 자연스레 전달력이 상승했고, 영상을 복기하며 내가 말할 때 어떤 버릇이 있는지 파악할 수 있게 되었다. '난 말할 때 '그러니까 이제' 라는 말을 되게 많이 쓰는구나, 항상 깍지를 끼고 얘기하는구나.' 사람들 앞에서 강연을 해야 했기에 그런 불필요한 부분에 대한 수정을 바로 할 수 있었다. 그러면서 영상을 보고 내가 오늘 어떤 부분 성장을 했고, 어떤 부분 반성을 해야 하는지, 어떤 부분에 감사했는지를 떠올리니 하루를 의미 있게 보냈다는 뿌듯함이 있었다. 그리고 내가 어떤 말을 해야 할지 정리하고 좀 더 사람들에게 와 닿는 글을 쓰기 위해 고민하다 보니 글 쓰는 능력이 향상했다. 무엇보다도 기록은 기억을 지배한다. 기억하고 싶은 일들을 자세하게 적어놓는다면, 아무리 강한 기억이라도 세월이 흐르면 바래고 잊힐 것들이 사소한 기록으로, 오랜 시간이 지난 후에도 좋은 추억으로 기억될 수 있다.

하루에 10분, 그것도 힘들다면 단 5분이라도 그날 나에게 어떤 일이 일어났는지 성장일기를 써보는 건 어떨까? 정말 사소해 보이는 일기가 스스로 자아를 찾고, 자신의 목표를 정립할 수 있으며, 자신의 꿈을 이루는 데 큰 힘이 될 것이다.

6. 꾸준함으로 성장하라

86.6kg. 올해 초, 중학교 때 이후 최고 몸무게를 경신했다. 안일하게 살면서 매일 야식을 먹고 자니 살이 안 찔 수가 없었던 것이다. 이래선 안 되겠다는 생각을 하고 매일 아침 출근 전 1시간 뛰기를 목표로 세웠다. 하지만 다음 날 바로 실패했다. 1시간이 주는 부담감과 새벽시간이라는 특수성이 복합적으로 작용했다. 그리고 그날 저녁, 집 앞에 나가서 30분을 걸었다. 날씨가 추워서 땀도 안 나고 힘들지도 않았지만, 조금씩 꾸준히 해야겠다는 생각을 했다.

그렇게 1주일을 하니 1kg이 빠졌다. 조금 더 운동 강도를 늘리기 시작했다. 30분을 뛰었다. 그렇게 1주일을 하면서 식단관리를 하니 2kg이 빠졌다. 점점 다이어트에 재미가 붙기 시작했다. 하루도 운동을 빼놓지 않은 채, 그렇게 5개월이 지났다. 5개월 뒤 난 매일 10km를 뛰고 있었고, 10kg이 빠졌다. 늘 저녁 늦게 뭔가를 먹고 자면 아침에 속도 더부룩하고 얼굴도 부어서 사람들 앞에서 웃기보다 항상 인상을 썼었는데, 몸이 가벼워지니 기분도 상쾌하고 사람들을 대할 때도 더 자신감이 생겼다. 그리고 몸매를 유지하기 위해 항상 출근 전 1시간을 뛰니 출근해서도 상쾌하게 일할 수 있다.

춤을 출 때도 마찬가지였다. 지독한 몸치였던 나는 3개월 만에 웨이브를 할 수 있었다. 하지만 웨이브를 하기 전에 하루도 빼놓지 않고 기본기를 했었기에, 웨이브를 배우고 물 만난 고기처럼 많은 동작들을 흡수할 수 있었다. 내가 강연을 할 때 누군가가 나한테 이렇게 물은 적이 있었다.

"민창 씨처럼 확고한 목표가 있는 사람들이 부럽습니다. 저는 목표는 있는데 항상 생각에 그치는 것 같아요. 어떻게 하면 생각을 현실로 옮길 수 있을까요?"

난 그때 그분에게 이렇게 대답했다.

"대부분의 사람들은 큰 꿈을 목표로 잡습니다. 다이어트를 할 때 하루에 1kg을 빼겠다는 목표들이요. 안 먹고 무리하게 유산소 운동을 하겠죠. 그렇게 일주일만 하면 몸도 상하고 요요현상이 와서 살이 더 찝니다. 목표는 단기, 중기, 장기로 나누는 게 좋습니다.

단기적으로는 당장 할 수 있는 것들, 예를 들면 팔굽혀펴기 10개, 윗몸일으키기 10개 같은 것들이요. 중기적으로는 단기적에서 조금 더 어려운 난이도의 것들입니다. 장기는 말 그대로 여러분의 최종 목표와 꿈이겠죠. 이렇게 하다 보면 어느새 자신이 생각했던 최종 목표와 꿈에 다가가 있을 겁니다. 작은 성취를 맛보면서 목표와 꿈 달성에 재미를 느끼시길 바랍니다.'

내가 만약 독서모임을 지속적으로 하지 않았더라면 지금의 독서모임과 내 곁에 있는 소중한 독서모임 사람들은 없었을 것이다. 타고나지 않았다며 춤을 겉핥기식으로 배우는 데 그쳤다면, 지금 나는 자신 있게 춤이 취미라고 말하지 못했을 것이다. 비단 이 두 개에 그치는 게 아니라 목표와 꿈을 지속하고 유지할 수 있는 가장 큰 힘은 '꾸준함'이다. 미국의 시인 롱펠로는 '우리의 어제와 오늘은 우리가 쌓아올리는 벽돌이다.'라는 명언을 남겼다. 욕심 내지 말고 꾸준히 하는 걸 목표로 세워 보자. 그리고 조금씩 발전해 보자.

PART 05

군대를 스펙으로
인생의
목표를 찾다

필요 지식

군대를 최고의 대학으로 만들다

도전

터닝 포인트

재능 발견

1. 업무에 필요한 지식을 쌓다

— 방산업체 연구원 강우현 공군중위

나는 2016년 5월 공군에서 3년간의 장교생활을 마치고 현재 방산업체에 연구원으로 취직하여 차세대 한국형 전투기에 장착되는 항공전자 장비를 개발하고 있다. 개발자로 근무하고 있는 내게 공군에서의 경험이 어떤 도움이 되고 있는지 이야기하고자 한다.

첫 번째로 군에서의 경험은 무기체계 개발에 필요한 기술자료를 분석하고 제품 설계에 적용하는데 큰 도움이 되고 있다. 나는 공군항공기술연구소에서 무기정비 장교로 근무하면서 무기체계 전기전자계통 관련 기술검토를 주 임무로 수행하였다. 즉 공군에서 발생하는 전기전자관련 기술문제를 공학적으로 원인분석하고 기술적 대책 방안을 개발하는 업무를 하였다. 3년간 약 21건의 기술검토를 수행하면서 수많은 규격자료, 기술자료, 논문, 매뉴얼 등을 분석했으며, 그 과정을 통해 방대한 기술자료 중에서 내게 필요한 기술자료를 식별하여 정확하게 활용하는 능력을 길렀다. 그 결과 현재 개발업무에 필요한 기술자료를 빠르고 정확하게 분석함으로써 촉박한 일정에 맞춰 개발을 수행하고 있다. 더불어 무기체계를 개발할 때는 어떤 근거자료를 기반으로 설계를 하였는지가 개발품 신뢰성 측면에서 굉장히 중요하다. 즉 올바른 근거자료를 찾고 제품에 적용하는데 군 경험을 적극적으로 활용하고 있다.

두 번째는 고객관점에서 생각할 수 있는 힘을 길렀다. 제품을 개발하는 업체에서 가장 큰 관심이자 고민은 고객만족일 것이다. 군은 방산업체에서 개발하는 무기체계를 구매하여 운영 및 유지하는 고객이다. 따라서 고객인 군 경험은 단순히 무기체계 개발을 넘어서 군에서 운영할 때 발생할 수 있는 문제까지 고려하여 제품설계에 반영하는 고객지향적인 관점을 갖게 해 주었다. 예를 들어 조종사와 제품 간의 인터페이스를 설계하는 과정에서 군 경험을 통해 알고 있는 항공기 운영개념을 바탕으로 사용자 측면에서 익숙하고 효율적인 방향으로 개발하는 데 도움이 되었다.

마지막으로는 문서작성 능력이다. 방위산업은 국가를 고객으로 진행하는 수주기반 산업이므로 행정적인 업무와 더불어 정말 많은 문서작업이 수반된다. 제품을 개발하는 연구직군인 나도 단순히 연구개발 업무뿐만 아니라 개념설계부터 실제 제품개발까지 거의 모든 과정에서 다양한 문서를 작성하고 정부에 문서를 납품하고 있다. 우리 고객인 정부를 문서로 설득 및 납득시키는 과정에서, 군에서 장교로 근무하며 정부 스타일의 문서를 작성했던 경험은 정부를 상대로 설득력 있는 문서를 작성하는 데 큰 도움이 되고 있다.

나와 함께 방산업체를 입사한 동기들과 입사 전 경험을 비교했을 때, 내가 군에서 장교로 근무하는 동안 대학원에서 학업 및 연구를 하고 회사에 입사한 동기들이 더 뛰어난 기술적인 업무능력을 보여 주고 있지만, 난 반대로 전반적인 업무 구조를 파악하고 고객지향적인 관점과 효과적인 문서작성 능력을 바탕으로 업무를 추진하는 데 있어서 나의 군 경험이 적극적으로 활용되고 있다. 엔지니어로서 필요한 기술적인 부분은 향후에도 교육을 통해 충분히 발전할 수 있지만, 앞서 말한 능력들은 군에서의 경험을 통해서 갖게 된 나의 특별한 '스펙'이라고 생각한다. 따라서 이러한 군 경험을 바탕으로 엔지니어로서 필요한 기술적 능력을 함양으로써 차세대 무기체계를 개발하고 더욱 안전한 대한민국 건설에 기여할 수 있으리라 생각한다.

2. 〈군대를 최고의 대학으로 만들다〉 저자

— 장재훈 육군중위

나는 장교로 군대에 갔지만 장교로서 가질 수 있는 혜택은 많지 않은 여건 속에서 군 생활을 했다. 강원도 인제 산골짜기에서 꿈도 희망도 없이 살아가는 생활이 지속되었다. 매일 아침 병사들의 눈동자를 보며 '이건 아니다.' 라는 생각이 들었다. 나도 우리 병사들도 무언가가 필요했다. 그렇게 간절히 무언가를 찾아다니는 동안 우연히 독서라는 희망을 보았다. 책을 읽기에 좋은 환경은 결코 아니었다. 내가 어떤 직책에서 얼마나 많은 일을 해야 했는지 익히 알고 있는 동기들은 모두 묻는다. "언제 그렇게 많은 책을 읽었어?" 시간이 남아서 읽었던 것도 아니다. 책이 좋아서 읽었던 것도 아니다. 나는 군대에서 살아남기 위해 책을 읽었다. 그리고 이대로 전역해 버리면 전역 이후 내 삶도 어떻게 될지 두려웠다. 군대에서 반은 길을 잃고 방황을 했지만 나머지 반은 책을 읽으며 어디로 나아가야 할지 방향을 잡았다.

나는 면제를 받고 군대에 가지 않아도 되는 사람이었다. 정말 많이 고민했다. '나라를 지킨다.'의 의미에 대해서 말이다. 내가 군대에 가지 않아도 대학원을 가고 좋은 회사에 취직해 경제적으로 사회적으로도 우리나라에 도움이 되는 게 나라를 지키는 게 아닐까라는 생각도 했다. 많은 고민 끝에 결국 군대에 가기로 결정했다. 군대에서 깊은 우울증에 빠지고 수많은 방황을 거쳐 책이란 걸 만나게 되었다.

나는 ROTC였다. 장교로 군대에 갔다. 십자인대가 끊어져 가지 않아도 되는 상황이었지만 꿈이 있었다. 후보생 2년 동안 가슴에 품었던 꿈. 하지만 현실은 달랐다. 인생의 황금기라고 부르는 20대. 젊은이들은 가장 가치 있게 시간을 보내야 할 그때에 인생을 낭비한다. 그중에서도 가장 젊고 에너지가 넘칠 때 군대를 간다. 군대에서도 시간 낭비는 계속된다. '남자는 군대에 다녀와야 철이 든다.' 말 그대로 옛말이 된 지 오래다. 군대에 다녀와도 철이 들지 않는다. 군대에서는 사회에서 경험할 수 없는 고된 훈련을 한다. 정들었던 집을 나와 2년이라는 시간 동안 외로움을 이겨내야 한다. 이런 어려움 속에서 자신과의 대화를 하며 자아를 찾아갔던 옛 어른들의 군 생활. 지금은 사라진 지 오래다. 나를 찾아가는 혼자만의 시간은 없다. 고립된 군대에서도 끊임없이 인터넷과 SNS로 세상의 소식에 빠져 산다. 나의 미래를 생각하며 진지하게 고민하는 시간도 없다. 남은 날짜를 세며 TV리모컨을 붙잡고 인스턴트 웃음만 흘려 보낸다. 하루 이틀이 지나가고 오지 않을 것 같던 전역 날짜가 다가온다. 전역이 피부로 다가올 때 어렴풋이 입대할 때 했던 다짐이 떠오른다. '군대에서 생각도 많이 하고 꿈을 찾는 시간을 보내야지!'

전역 신고를 마치고 위병소를 나서며 곰곰이 생각한다. 지난 2년이라는 시간 동안 달라진 것 없는 자신을 보며 한숨을 내쉰다. 어쩌면 나의 군 생활이었을지 모른다. 하지만 나는 감사하게도 독서를 통해 의무복무 기간을 내 인생을 바꾼 황금기로 만들었다. 고립된 그곳, 모든 행동이 통제된 그곳에서 유일하게 자유로웠던 나의 생각. 내 몸은 강원도 산골짜기에 있었다. 반면 나의 생각과 마음은 전 세계를 누비며 수십 년, 수백 년을 거슬러 올라가며 활개치고 있었다.

책과 하는 여행을 통해 나를 찾아가기 시작했다. 다른 사람의 이야기를 읽으며 진짜 나를 찾을 수 있었다. 나는 접하지 못한 그들의 경험, 내가 할 수 없었던 그들의 생각을 읽었다. 이런 경험을 통해 내 가슴 속에서 말하는 진짜 내 인생을 꿈꾸게 되었다. 남들은 시간 낭비만 하다 끝나는 군대에서 나는 내 인생을 바꿨다. 그리고 나와 병사들, 우리의 인생을 바꿨다.

나는 군대에서 스마트폰으로 동기부여 영상도 많이 보고 독신자 숙소에서 인터넷 강의도 들으며 나만의 성장을 위해 많은 시도를 했다. 하지만 어느 것도 지속적으로 되지 않았다. 여러 가지 방법을 시도하며 돌고 돌아 찾은 방법이 독서다. 누구나 아는 방법이지만 독서가 나에게 새롭게 다가왔던 이유는 전과 다른 관점과 방법으로 책을 읽었기 때문이다. 남들이 좋다고 하는 책이면 나와 맞지 않아도 무조건 읽었다. 나와 맞는 부분이 없으니 당연히 흥미도 잃고 효과도 없었다. 간절히 궁하면 이루어진다고 했던가. 군대에서 살기 위해 독서를 붙잡으니 내게 맞는 방법을 찾았다. 그리고 군대에서 쉽게 적용할 수 있는 방법을 찾았다. 군대라는 제한된 환경에서 독서를 통해 최고의 효과와 효율로 성장할 수 있는 방법이었다. 그리고 부대 안에 '호랑나비'라는 독서모임을 만들었고, 많은 군인들을 변화시켰다. 난 중위임에도 불구하고 사령부예하 27개 부대 독서 코칭 교관들이 모인 자리에서 사례 발표를 시작으로 주변 대대부터 여단 규모의 많은 부대에서 군대 독서 모임을 알리는 역할을 했다. 그리고 독서 코칭으로 병영문화를 바꾼 공을 인정받아 사령관 표창을 받았고, 국방부에서도 우수 부대 지원금을 받으며 확실하게 군대 독서의 효과를 입증해냈다.

나는 전역을 하고 군대에서 이룬 성과를 책으로 썼고, 출판할 수 있었다. 내가 군대에서 수백 권의 책을 읽으며 정신적으로 심적으로 단련하지 않았다면 나는 벌써 포기했을 것이다. 그리고 지금 내게 수익을 가져다주는 분야들에 대해서도 지식이 전무했을 것이다. 누군가는 시간을 버리는 곳, 누군가에게는 최고의 대학이 되어 청춘의 시기에 나침반이 되는 곳. 당신은 어떤 쪽을 택하겠는가?

3. 함께하는 도전으로 군대를 변화시키다

— 대구 부대 이재무 공군 중사

'예비 부사관', 내가 지옥 같은 3년을 보낸 고등학생 때의 꼬리표이다.

나는 공군 기술 부사관을 양성하는, 대학교로 치면 공군사관학교 같은 곳을 졸업했다. 패기 있게 학교에 들어갔던 것과 달리 현실은 너무 적응하기 힘들었고 학교 때 했던 태권도 선수 생활과 몇몇의 추억을 제외하고는 정말 일분 일초가 내게는 지옥이었다. 그래서 어릴 적의 나는 자퇴서를 항상 써두고 집에 징징거리는 학생이었다. 그렇게 계속 자퇴 얘기를 하던 중 그 후에 불만 없이 학교생활을 마치게 한 아버지의 한 마디가 있었다.

"지금 이 작은 산도 못 넘으면서 앞으로 인생에서 어떻게 더 큰 산을 넘을래? 지금 3년만 버티면 앞으로 인생은 니가 하고 싶은 대로 살아도 잔소리 안 할 테니, 이 산은 넘어라."

그 말을 들은 나는 그렇게 꾸역꾸역 졸업을 했고, 공군 기술 부사관으로 임관을 했다.

임관을 해서는 더 지옥이었다. 사람들과 친하게 지내는 걸 좋아하고, 서글서글한 편이었던 나는 군대에서는 '개념 없는 놈' 이었다. 매일 같이 욕을 먹었고, 그러다 보니 실수도 잦았다. 그렇게 개념 없는 막내의 군 생활은 정말 열심히 하려고 노력했지만 너무도 힘이 들었다.

한날 너무 배가 고파서 건빵을 하나 집어 들어 옷 안에 숨긴 뒤 먹을 곳을 찾아봤다. 그 어디에도 내가 편하게 있을 수 있는 곳은 없었고 결국 나는 병사 생활관 화장실에 숨었고, 혹여나 소리가 새어 나갈까봐 건빵을 입에서 녹여 먹었다. 그때 문득 이런 생각이 들었다.

'내가 이렇게 군 생활을 하려고 그 3년을 그렇게 힘들게 버틴 건가? 이렇게 살아야 하나…….'

그날부터 나는 퇴근 후 그 누구보다 열심히 놀았다. 부대에서는 술을 입에도 안 대는 녀석이었지만, 퇴근 후에는 미친 듯이 술을 마셔댔고, 너무 힘들어서 술을 마시지 않으면 잠도 잘 오지 않았다.

그렇게 군 생활을 시작한 지 2년이 지났을 무렵 어느 날 저녁, 여느 날과 다를 바 없었던 여름 야간비행이 끝나고 난 새벽 시간에 나는 15년 정도 선배의 뒷모습을 보게 되었다. 그 선배는 군 생활도 열심히 하고 사람들과도 친분이 좋은 선배였지만 유난히 불만이 많은 선배였다.

"아, 오늘도 이 시간에 끝났네, 언제까지 이렇게 살아야 하노!"

그 얘기를 들은 나는 문득 이런 생각이 들었다. '내 15년 후의 모습도 저 모습이겠지? 내가 저 모습이라면 난 과연 행복할까?' 그날 나는 내 짧은 인생의 가장 큰 전환점을 맞이하게 되었다. 집으로 곧장 돌아가 내가 가장 좋아했던 일이 무엇인지, 내가 잘하는 일은 무엇이고 못하는 일은 무엇인지에 대한 마인드맵을 그리기 시작했다. 그 결과 내가 정말 좋아하지만 일이 힘들다는 핑계로 하지 않는 것이 하나 있었다. 바로 운동, 운동이었다.

그 다음 날 나는 바로 동네 종합 격투기 체육관으로 갔다. 사실 종합 격투기를 선택한 건 단지 거기에 친구가 운동을 하고 있었기 때문이었다.

학교 때부터 운동신경이 좋지 않아 '목발' 이라는 소리를 듣던 나는 좋아하는 일이라 다른 사람보다 몇 배로 노력을 했고, 그 결과 운동을 시작하고 반년이 채 되지 않아 Road fc 남부 리그에서 3연승을 거두게 되었다. 그리고 얼마 후 대체 선수로 바로 Road fc 프로 메인 1카드에 선정되어 경기에 나갈 기회가 생겼다. 당시 나는 야간대학을 다니고 있어서 야간에 일을 하지 못했고, 그에 따라 매일 새벽에 출근을 했다. 정시 퇴근을 한 후 야간 대학을 갔다가 체육관에 11시 정도에 돌아가 원래라면 12시에 문을 닫는 체육관에 혼자 남아 새벽까지 운동을 하고 집으로 돌아가곤 했다.

보통 2주에 몸무게를 15kg을 감량하면서 인고의 시간을 보내며 그 누구보다 열심히 준비했지만 넘을 수 없는 장벽은 따로 있었다. 내가 '군인' 이라는 점이었다. TV에 출연하기 전 보고를 해야 하는데 규정상 정해진 날짜에 비해 턱없이 짧은 기간만이 남아 있었다. 그렇게 이름만 데뷔를 한 후 TV에 나오는 프로 시합은 같은 이유로 계속해서 참가하지 못했다.

TV에 안 나오는 프로 시합만 뛰면서 운동을 하던 중 나는 신문기사에서 다시 내 가슴에 불을 지필 한 가지를 찾았다.

'자전거 유라시아 횡단 팀 출발.' 이 팀은 독일 베를린에서 출발해 서울까지 자전거를 이용해서 오는 팀이었고 한 달 정도가 소요되었다. 그래서 나는 이 팀에 들어갈 수 있는 스펙을 쌓아서 '강한 군대, 강한 전사' 라는 슬로건을 가진 군대에 정식 출장 요청을 해서 팀에 들어가겠다는 일념으로 합격자들의 스펙을 들여다보았다. 나머지는 정말 다 말도 안 되는 스펙들이었지만 "아! 이건 해볼 만하겠다."라고 생각할 만한 것이 눈에 띄었다.

'철인 3종 경기 다수 완주.' 한 번도 도전해 보지 않았지만 이번에는 부대에 정식으로 인정받아서 팀에 가기 위해선 다른 선택 사항은 없었고, 나는 그길로 체육관에 돌아가 관장님께 내 목표를 말씀드리고 운동을 쉬게 되었다.

그날 나는 자전거를 구매했고, 바로 새로운 도전에 집중하기 시작했다. 하지만 철인 3종 경기 완주만으로는 부족하다 생각한 나는 '랜도너스' 라는 비경쟁 장거리 싸이클 경기에 대해서 알게 됐고 그중 일 년 안에 200km, 300km, 400km, 600km의 코스를 제한 시간 안에 완주하면 주어지는 랜도너스 국제 대회 참가 자격인 '슈퍼 랜도너' 취득을 목표로 랜도너스를 시작하게 되었다.

처음 200km에 나갔을 때 나는 나름의 '근자감(근거없는 자신감)'이 있었다.

하지만 나는 첫 대회에서 처참히 무너졌고 겨우 완주를 할 수 있었다.

돌아오자마자 이전에 목표로 했던 슈퍼 랜도너는 불가능하다고 생각을 했고 바로 모든 대회 일정을 취소했다.

그렇게 대회날이 점차 다가오자 '아, 내가 격투기 선수 생활할 때 그렇게 힘들었는데, 그 힘든 군 생활도 내가 다 이겨냈는데, 실패한 것도 아닌데 미리 포기하지 말고 한 번 더 해 보자!' 라는 생각으로 다시 도전하게 되었다. 그때 나는 내가 더 이상 포기할 수 없도록 부대 내의 내 주변 사람들에게 정말 상세히 내 목표를 얘기했다.

"저번에 200km 갔다 왔는데 너무 힘들더라. 그런데 실패한 것도 아니고 한 번 더 도전하려고 한다. 올해 내 목표는 슈퍼 랜도너인데, 그 자격은 이런 자격이다."

그러니 처음에는 사람들이 '너 진짜 미친놈이구나!' 라고 했다.

그렇게 다시 임했던 대회에서 '정말 이건 사람이 할 짓이 아니구나.' 라고 느낄 만큼 고통스러웠지만 부대 사람들에게 운동 신경이 없는 나도 해낼 수 있다는 걸 보여 주기 위해 참고 또 참았다.

결국 제한시간 20분 남기고 완주, 그렇게 하고 돌아왔을 때 사람들은 또 한 번 나에게 '미친놈' 이라는 단어를 썼다.

그 후 400km 대회에 가기 전에 나는 다시 한 번 내 목표를 사람들에게 알렸다.

그러자 이번에도 사람들은 같은 반응을 보였고, 나는 대회 때마다 그 말을 곱씹으며 버티고 버텨서 제한시간 27시간에 27:00으로 완주를 하게 되었다.

그러자 이젠 사람들의 반응이 변하기 시작했다.

"와 미친놈! 진짜 대단하다 너!"

그렇게 600km에 다시 참가했고 나는 그 해에 목표로 했던 '슈퍼 랜도너' 자격을 딸 수 있었다.

그리고 다음 목표인 철인 3종 경기에 도전했다. 이번 도전에서도 주변 사람들에게 나는 내 목표를 상세히 알리기 시작했다. 주변 사람들은 이제는 다들 날 응원하기 시작했다. 그렇게 나는 한 번 더 도전에서 성공할 수 있게 되었다.

모든 목표를 달성한 나는 처음 내가 도전을 하게 만들어 준 자전거 유라시아 횡단 팀에 연락을 했고, 아쉽게도 그 팀은 일회성 이벤트 팀이라는 답변을 받았다.

하지만 나는 좌절하지 않고 그간 해왔던 도전들에서 힘을 얻어 그 후에도 랜도너스 1000km, 100km 이상의 마라톤, 울트라 마라톤 100km, 산에서 마라톤을 하는 트레일러닝 70km 등을 완주하게 되었다.

처음에는 이런 나를 보고 "일이나 열심히 해라, 그거 한다고 뭐가 달라지냐."라던 주변 사람들이 이제는 "와, 니 진짜 대단하다. 니가 하는 거 보니까 나도 한 번 도전해 보고 싶다. 나도 한 번 데려가줘!"라고 변하기 시작했다.

나는 그중 함께 하고 싶다는 군인들과 같이 이제껏 했던 도전들을 하나씩 해나가기 시작했고, 그런 경험을 통해 내 주변에서 옛날의 나의 모습을 하고 있던 군인들이 변해 가는 과정을 보게 되었다. 그때 나는 '같이'의 가치라는 것을 알게 되었고, 더 많은 군인들과 함께 도전하기 위해서 강연을 시작하게 되었다.

처음 나의 모습이던 수동적인 모습을 가졌던 주변 사람들이 본인들의 노력을 통해, 그리고 미묘하게나마 나를 통해서 발전하는 모습을 보면서 나도 정말 많은 것을 배웠고 지금은 '같이'의 가치를 넘어서 장애인들과 '함께' 철인 3종 경기를 도전하는 팀에서 활동 중이다.

처음의 내 군 생활은 정말 참담했다. 내가 바라는 삶도 아니었고, 심지어 내가 도전하는 것들에서 방해가 되는 부분도 있었다. 하지만 돌이켜보면 내가 군 생활을 하지 않고 만약 원래대로 평범하게 인문계 고등학교에 진학해서 일반적인 대학을 나오고, 일반적으로 취업 준비를 했다면?

이제 28살인 나는 막 취직해서 사회 초년생으로 일을 하고 있을 것이다. 그런데 군 생활을 통해서 사람들을 대하는 법을 배웠고, 혼자만이 아니라 '같이' 하는 법을 배웠으며, 내가 원하는 목표를 주변 군인들에게 알리고 응원을 받음으로써 원하는 목표들을 달성해왔고, 그 목표들을 달성함에 있어 금전적, 시간적, 현실적인 문제들을 많이 해결해왔다.

'군대는 스펙이다.'

100% 동감한다. 흔히 사업에서 성공한 분들이 얘기한다. '사업은 무엇Item을 하는지가 중요한 게 아니라 누가 어떻게 하는지가 중요하다.'고.

군대 또한 같다. 요즘 군대에도 정말 많은 기회들이 있다. 각종 경진대회, 핵심 가치들, 그리고 전과 달리 각종 모임, 동호회 활동도 엄청나게 활성화되어 있다. 무엇을 하는지는 중요하지 않다. 나는 누가, 어떻게 군대를 활용하는지에 따라 결과는 판이하게 달라질 것이라고 생각한다.

훗날 아무리 강한 파도를 만나도 떠밀리지 않게 포기하지 않고 계속해서 헤엄쳐 나갈 수 있는 원동력을 제공해 주고, 꿈을 꾸게 해 준 군대에 다시 한 번 감사하며, 이 책을 읽는 여러분들도 자신의 군 생활을 좀 더 능동적으로 설계해나가길 진심으로 바란다.

4. 원주 독서모임을 군 생활의 터닝 포인트로

— 원주 부대 정대일 병장

"앞으로 2년이라는 시간 동안 무엇을 할지 생각해라."

기본군사훈련단 때부터 간부들이 항상 하던 이야기다. 아직 이병이라는 계급조차 받지 못하고 훈련병 생활을 하던 그때는 자대에 대해 정확히 알 수가 없었다. 그래서 그런 간부들의 이야기를 믿고 공책 한구석에 2년이라는 시간 동안 내가 해야 할 일을 하나하나 적어 놓았었다.

시간이 흐르고 자대에 가게 된 그날부터 군대에서의 모든 신병이 그러하듯 나 또한 정신없이 바빠졌다. 배울 것도, 해야 할 것도 많았던 그때 내 머릿속에는 이미 '2년이라는 시간 동안 무엇을 할지'는 안중에도 없었다.

성격이 좋게 본다면 정직하고, 나쁘게 말하면 우직했던 나는 당장 눈앞의 일을 처리하는데 허덕였고, 그나마도 시간적 여유가 되면 노곤한 심신을 눕히는 데 사용하다 보니 시간은 참으로 빨리도 지나갔다. 이때 이미 나에게 있어서 군대란 그저 2년이라는 젊은 시간이 사라지는 곳밖에는 되지 않았다.

변화는 의외로 사소한 부분에서 시작되었다. 기본군사훈련단에서 일기를 썼던 것을 짐 정리를 하다가 우연히 발견한 게 시발점이 되었다. 그때의 감각들을 지금의 내가 다시 본다는 게 굉장히 신기하고 재미있다는 생각이 들었다. 그렇게 생각이 들자 굳이 시간을 내서 일기를 쓰는 것이 부담스럽지 않았다.

그런데 일기를 쓰면 쓸수록 재미가 없어지는 것이 문제였다. 반복되는 일상, 반복되는 작업이 많은 근무지의 특성상 내가 느끼고, 생각하는 바 또한 그만큼 제한될 수밖에 없다 보니 일기의 내용도 단조로워지게 되고 한 주 간의 일기를 살펴보면 절반은 같은 내용인 때도 있었다. 이런 흐름을 깨기 위해서는 작업 이외의 무언가를 시작하는 것이 좋겠다고 생각하게 되어 기억 한구석에 있던 '내가 이루고 싶은 것' 리스트가 적힌 공책을 꺼내들게 되었다. 따고 싶던 자격증들, 부족했던 대학 공부 그리고 외국어 공부까지 빼곡히 적혀 있는 그 페이지를 보자 내 안에 자고 있던 향상심이 고개를 들었다.

때마침 상병으로 진급도 되면서 시간적 여유가 생기던 때라 다행히 이것들을 실천하는 데 크게 걸림돌이 되는 일은 없었다. 그렇게 처음 시작한 공부는 정보처리기능사 자격증 시험이었다. 많은 목표들 가운데 내가 이 자격증을 첫 번째 목표로 잡은 이유는 하나였다. 그때는 퇴근하고 남는 시간에 공부하는 습관이 들지 않아서 시간 투자를 조금만 해도 힘이 들었다. 그렇기 때문에 완전히 습관을 들이기 위해서 상대적으로 쉬운 난이도였던 국가기술자격증부터 공부하는 것이 올바른 방법이라고 생각했기 때문이다.

새로운 일을 시작하자 일기를 쓰는 것이 탄력을 받기 시작했다. 확실히 기능사 자격증은 난이도가 낮아서 금방 취득할 수 있었고, 다음 목표로 나는 운동과 일본어 자격증인 JLPT 공부를 선택했다. 일기의 내용이 재미있게 전개되는 것은 참 좋았는데 산 넘어 산이라고 또 새로운 걱정거리가 생겨났다. 바로 새로운 동기부여가 부족하다는 점이었다.

내가 목표에 대해 권태감을 느끼기 시작할 때 마치 운명처럼 권민창 중사님을 만나게 되었다. 아직도 또렷하게 기억이 난다. 그날 우리 생활관의 사관이셨던 권 중사님이 저녁 점호를 하면서 독서를 통해 자신의 삶이 바뀌었다고 열렬하게 이야기하셨다. 새로운 동기에 목이 말랐던 나는 지푸라기라도 잡는 심정으로 부대 독서모임에 참여하게 되었다.

권민창 중사님이 그 필요성을 역설했던 독서는 나에게 또 다른 변화를 주었다. 책은 나에게 이정표가 되었고, 혼자서 고찰하는 시간을 마련해 주었으며, 향상심에 불을 붙이는 친구가 되었다. 소설, 자기계발서 등 여러 가지 분류의 책을 읽었지만 각기 다른 형태로 나에게 도움이 되었다. 그뿐만 아니라 책을 읽을 때는 또 다른 세계를 탐험하는 듯한 재미가 있어서 자격증 공부를 위해 독서를 잠시 멀리 하는 것이 더 어려웠을 정도가 되었다.

결국 돌이켜 생각해 보면 군대에 있는 동안 참 많은 것을 했다. 국가기술자격증에 이어 JLPT까지 합격해서 자격증은 2개나 따고 독후감도 수십 편, 일기는 거의 노트 한 권을 가득 채웠다. 운동은 일 년이라는 시간이 넘도록 지속하세 되었다. 중학교 그리고 고등학교를 거치면서 대학교에 들어오기까지 남들에게 보여 주기 위해서만 노력해왔는데, 군대에 와서 한 모든 것들은 남들 보여 주기 위한 것이 아닌 오롯이 내가 하고 싶어서 한 것들이라 더욱 가치가 있는 것 같다.

그러나 이 모든 것보다도 더욱 가치 있는 것은 바로 목표를 위해서 '내가 어떻게 해야 하는가'를 알게 되었다는 것이다. 목표 설정, 동기부여, 향상심 그리고 이것들을 조율하는 방법까지. 군대에 들어오기 전에는 생각조차 해 본 적이 없는 내용들이다. 군대에서 이것을 알게 되었고 노력해서 결국 지금의 나의 모습으로 이어진 것이다.

군대에 가야 철이 든다고 어른들은 항상 내게 말했다. 하지만 그것은 군대에서 스스로 얼마나 노력하는가에 전적으로 달려 있다고 이야기하고 싶다. 다른 사람들이 쉬는 모습을 보며 나도 현실에 안주했다면 지금의 나의 모습은 없었을 것이다. 이루고 싶었던 목표, 그것을 해내기 위한 향상심 그리고 독서라는 이름의 동기부여가 있었기 때문에 나는 여기까지 올 수 있었던 것이다.

어떤 상황이든 스스로 할 수 있다고 믿고 더 나은 내일을 위해 노력하는 자세만 견지하면 된다. 어렵지만 동시에 쉬운 일이다. 군인도 했는데 다른 사람이라고 못할 것도 없다. 이 노력이 쌓이면 과거와는 확연히 다른 스스로를 발견할 수 있을 거라 믿어 의심치 않는다.

5. 군대에서 자신의 재능을 발견하다

— 마케팅 전문가 광주 부대 박진영 병장

내 인생은 누구보다 아름다웠다. 사업을 하시는 부모님 덕에 부족함 없이 자랐다. 고등학교 때 이미 의류 쇼핑몰도 운영해 보았다. 부모님을 설득하는 게 쉽지는 않았지만 경제적으로 여유가 있었기에 그런 시도도 가능했다. 하지만 "대학등록금 당겨서 주는 거야." 하며 주신 그 돈이 마지막일 줄은 꿈에도 몰랐다. 대학교 입학을 앞두고 부모님의 사업은 크게 흔들렸고 우리 집은 경제적으로 궁지에 몰렸다. 등록금은커녕 하루 먹고 살기도 힘들었다.

학자금 대출로 입학은 했지만 대학생활은 고독하고 우울했다. 스포츠카에 해외여행만 꿈꾸던 나는 생활비를 감당하기 위해 수업이 끝난 뒤엔 밤까지 아르바이트를 해야 했다. 또 학비를 감당하기 위해 새벽마다 도서관으로 출근했다. 다행히 좋은 성적을 받았고 일 년간 장학금도 받았다.

하지만 전혀 기쁘지 않았다. 대학에서 1등을 한들, 흔히 말하는 지방대 학생에 불과했다. 서울권 학생과 비교하면 한없이 작아졌다. 여느 대학생처럼 꿈으로 삼았던 대기업 입사도 빨라야 5년 뒤에나 이룰 수 있었다. 그게 실현된다는 보장도 없었다. 생활비에 쫓기는 삶도 싫었고 대기업에 입사한들 행복할 것 같지도 않았다. 더 이상 학교를 다닐 이유가 없었다. 나는 휴학을 신청하고 군 입대를 선택했다. 생각을 정리할 시간이 필요했다.

그런데 훈련소에 들어가면서부터 생활에 활력이 생겼다. 체육특기생이었던 고교시절 나는 긍정적이고 진취적이었다. 하지만 대학생이 되면서 아르바이트와 공부만 하다 보니 운동을 못했다. 당연히 몸은 망가졌고 대인관계에도 좋지 않은 영향을 끼쳤다. 기대하지 않았던 군에서 나는 밝았던 모습을 되찾았고 2년이라는 시간을 어떻게 보내야 할지 계획을 세울 수 있었다.

나는 두 가지만 이루겠다고 결심했다. 운동과 독서였다. 운동을 할 때 긍정적인 에너지가 분출된다는 사실을 훈련소 생활을 통해 깨달았다. 좋은 육체에 좋은 정신이 깃든다는 말은 사실이었다. 운동 경험도 있었다. 운동을 선택하지 않을 이유가 없었다. 반면 독서를 선택한 이유는 꽤 단순했다. 취미활동이 제한적인 군에서 사실 독서 말고는 선택권이 없었기 때문이다. 아무튼 자대로 배치를 받은 후 근무 시간 이외에는 무조건 독서를 했다.

하지만 나는 책과 거리가 먼 사람이었다. 심지어 만화책도 싫어했다. 돈을 지불해서 산 책은 게임과 패션 잡지뿐이었다. 그러니 독서 초반, 몸에서 보이는 저항은 격렬했다. 3개월 가까이 책은 수면제에 가까웠다. 3줄만 읽으면 눈꺼풀이 무거워졌고 한 쪽을 마칠 즈음이면 코를 골았다. 열 쪽을 넘기는 데 일주일이 걸렸다. 그렇게 매일 잠과 씨름하며 3개월간 완독한 책이 파울로 코엘료의 〈연금술사〉라는 책이었다.

하지만 한 권을 마친 쾌감은 엄청났다. 또 그 책의 메시지에 감동했기에 책이 가진 매력을 실감할 수 있었다. 그 순간을 잊기 싫어 독후감을 썼다. 그 후로 남들보다 일찍 일어나고 가장 늦게 자며 독서하는 시간을 확보했다. 책이 좋아 점심을 거른 적도 부지기수였다. 부대 도서관을 매일 드나들며 책을 즐기는 선후임과 함께 생각을 나누었고 깊은 유대감을 쌓을 수 있었다. 모두 책 덕분이었다.

책에 흥미를 붙인 나는 전역까지 100권을 읽고 독후감을 쓰기로 계획을 세웠다. 실제로 전역 무렵엔 약 300권 가량의 책을 읽었고 2권의 독후감 노트를 얻었다.

독서의 1차 목적은 책과 친해지는 것이었고 2차 목적은 내 꿈을 찾기 위함이었다. 나는 특히 자기계발서를 많이 읽었는데 성공한 사람을 책으로 만나며 다양한 직업군과 넓은 세상을 볼 수 있었다. 대기업 사원이 되면 성공한 삶을 살게 될 거라 믿었던 나는 독서를 하며 전혀 다른 사람으로 바뀌었다. 세상을 보는 눈이 완전히 달라졌다.

나는 거침없이 미래를 설계하기 시작했다. 돈이 없다고, 환경이 어렵다고 꿈까지 작을 이유는 없었다. 신입생 시절 모의 토익에서 325점을 받은 뒤, 해외를 나가겠다는 꿈도 접은 나였다. 그런데 책을 읽고 난 후 낸 시야는 국내에서 세계로, 회사원에서 사업가로 넓어졌다. 세계를 무대로 삼는 사업가가 되기 위해 단어와 문장 수십 개를 하루도 빠짐없이 외었다. 그리고 해외에서 공부를 했던 선후임에게 틈나면 배운 영어로 질문하고 대화를 했다. 뿐만 아니라 내가 누구인지, 어떤 사업을 할지 책에서 찾기 시작했다. 인문학 서적을 통해 내가 누구인지 내가 좋아하는 것이 무엇인지 나에게 질문하고 답을 찾으려 노력했다. 성공한 사람들의 장점을 닮기 위해 노력했다.

그 결과 나는 트렌드에 민감하며 마케팅에 큰 흥미가 있고 분석을 잘한다는 장점을 발견했다. 군 복무 시절, 페이스북이라는 SNS가 처음으로 나왔었고 나는 큰 호기심을 가졌다. 휴가를 나가면서 주변에 방송을 준비하는 친구들과 사업을 하는 지인의 SNS를 분석해 주고 마케팅 방향을 조언해 주었다. 나의 조언 덕분에 매출이 늘었다는 이야기를 들으면 너무 기뻤고 즐거웠다. 이 경험으로 전역 후에는 SNS와 마케팅 강의를 무료로 제공하며 꾸준히 전문성을 다졌고 마케팅과 해외진출 관련 활동에도 수없이 참석했다.

그 결과 부족한 영어 실력임에도 스코틀랜드로 날아가 간질환자를 돌봤고, 말레이시아에선 교환학생 자격으로 다양한 나라의 친구들을 사귈 수 있었다. 졸업을 앞두고는 싱가포르 회사에서 마케팅 팀장으로 스카우트 제의를 받기도 했다. 군에서 책을 통해 설계한 내 미래를 나는 대부분 이룰 수 있었다. 현재는 연예인과 방송인을 비롯해 1인 기업가와 CEO를 대상으로 SNS와 마케팅을 교육하고 다양한 기업의 마케팅 자문활동을 하고 있다.

내가 새로운 재능을 발견하고 꿈을 가질 수 있었던 터닝 포인트는 바로 군대였다. 군대에서 책을 읽고 운동을 하며 발전적인 미래를 설계했기에 꿈을 찾을 수 있었다. 내가 만약 군 생활을 그저 지나가는 2년으로 생각하고 아무것도 안 하고 시간만 죽였다면? 아무것도 달라지지 않았을 것이다. 당신은 어떤가? 군복무를 인생의 공백기로 생각할 것인가? 아니면 인생의 터닝 포인트로 삼을 것인가? 2년이라는 시간은 결코 짧지 않다.

독서로 변화하는 군대를 꿈꾸며

"늘 그랬으니까, 이렇게 해 왔으니까. 까라면 까!"

내가 처음 하사로 임관을 하고 정말 이해가 가지 않는 불합리한 지시에 대해 왜 이걸 해야 되냐고 물었을 때 누군가가 이렇게 말했다.

처음에는 정말 화가 나고 분했지만, 1년이 지나고 2년이 지나면서 어느 새 나도 새로 들어온 패기 넘치는 후임들의 질문을 이런 식으로 상쇄시키곤 했다.

그렇게 5년을 타성에 젖어 살았다. 꿈을 갖고 열정을 발산해야 하는 꽃다운 나이 20대 초중반을 헛되이 보냈다. 하지만 우연한 계기로 책을 읽고 많은 군인들과 소통을 하다 보니, 그들에게도 각자의 꿈이 있고 사정이 있었다. 하지만 그 꿈이 제대를 해야만 이룰 수 있는 것이라고 선을 긋고 마음속에만 간직하고 있었다.

이 책은 직업군인인 내가 꿈을 찾기 위해 미친 듯이 치열하게 살았던 2년의 과정을 담고 있다.

나는 이 책을 통해 많은 군인들에게 동기부여를 해 주고 싶다. 군인도 책을 낼 수 있고, 강연을 할 수 있다. 그리고 군대 안에서도 다양한 배움의 기회가 존재한다. 불가능은 없다.

군인뿐만 아니라 이 책을 읽는 모든 사람들이 나를 보고 다시금 열정의 횃불을 지폈으면 좋겠다.

독서 계획표

목표 〉〉 ____________________

보상 〉〉 ____________________

책 제목	읽은 날짜	삶에 적용할 부분	한 줄 평 및 간단한 서평

독서 계획표

목표 〉〉 ____________________

보상 〉〉 ____________________

책 제목	읽은 날짜	삶에 적용할 부분	한 줄 평 및 간단한 서평